当代中国基层治理的
理论与实践研究

宋少燕　著

北京工业大学出版社

图书在版编目（CIP）数据

当代中国基层治理的理论与实践研究 / 宋少燕著
. — 北京：北京工业大学出版社，2020.4（2022.1 重印）
ISBN 978-7-5639-7429-0

Ⅰ．①当… Ⅱ．①宋… Ⅲ．①地方政府－行政管理－研究－中国 Ⅳ．① D625

中国版本图书馆 CIP 数据核字（2020）第 076742 号

当代中国基层治理的理论与实践研究
DANGDAI ZHONGGUO JICENG ZHILI DE LILUN YU SHIJIAN YANJIU

著　　者：	宋少燕
责任编辑：	李　艳
封面设计：	点墨轩阁
出版发行：	北京工业大学出版社
	（北京市朝阳区平乐园 100 号　邮编：100124）
	010-67391722（传真）　bgdcbs@sina.com
经销单位：	全国各地新华书店
承印单位：	三河市明华印务有限公司
开　　本：	710 毫米 ×1000 毫米　1/16
印　　张：	9.75
字　　数：	195 千字
版　　次：	2020 年 4 月第 1 版
印　　次：	2022 年 1 月第 2 次印刷
标准书号：	ISBN 978-7-5639-7429-0
定　　价：	56.00 元

版权所有　翻印必究

（如发现印装质量问题，请寄本社发行部调换 010-67391106）

前　言

基层社会治理是社会治理的基石，也是国家治理体系中最为基础的部分。正确理解基层社会治理的概念内涵是进行社会创新实践的基本要求。基层社会治理是相对于社会治理的概念而建立的，核心在"基层"二字。基层社会治理主要承载三类活动内容：一是社区的自我管理与服务，组织社区内部活动，解决各类矛盾纠纷，并通过内部资源整合实现对社区个体和组织的有效支持；二是社区的行政类公共服务，通过政府及其派出机构指导、支持和帮助自治组织或公共事务组织来实现，保证政府的各项政策进入社区和家庭，提供相应服务并获得居民认可；三是社区盈利性商业服务，由商业服务类组织提供社区生活服务，保障社区作为生活共同体的顺利运行。

本书共四章，从理论与实践两方面对当代中国基层治理进行研究。第一章概述了当代中国基层治理，第二章论述了当代中国基层治理理论研究，第三章讲述了中国基层治理的实践研究，第四章对中国基层治理的应用研究进行了概述。

笔者在撰写本书的过程中，借鉴了许多前人的研究成果，在此表示衷心的感谢。由于当代中国基层治理的理论与实践涉及范畴比较广，需要探索的层面比较深，本书在撰写的过程中难免会存在一定的不足，对一些相关问题的研究不透彻，具有一定的局限性，恳请同行以及广大读者斧正。

目 录

第一章 中国基层治理概述 ... 1
第一节 中国古代基层社会治理思想、策略及目标 ... 1
第二节 数字命名与中国基层治理制度创新 ... 10
第三节 "枫桥经验"与当代中国基层治理模式 ... 21
第四节 国家治理格局下的社会治理和基层社会治理 ... 32

第二章 当代中国基层治理理论研究 ... 43
第一节 当代中国基层社区治理创新 ... 43
第二节 基层党建创新与基层治理现代化 ... 52
第三节 大数据时代基层社会治理创新 ... 59
第四节 国家治理现代化进程中的基层治理创新 ... 64
第五节 基层社会治理的创新范式与关键要素 ... 71

第三章 中国基层治理的实践研究 ... 77
第一节 基层治理的现实困境及法治化实践 ... 77
第二节 推进基层治理法治化的地方实践 ... 86
第三节 封闭社区治理——国际经验与中国实践 ... 96
第四节 社区营造——公共治理的基层实践 ... 108
第五节 基层党建引领乡村治理权力重塑的理论与实践 ... 116

第四章　中国基层治理的应用研究 ·· 123
　　第一节　制度通路理论及其在基层治理中的应用 ················ 123
　　第二节　基层协商民主在社区治理中的应用 ······················· 133
　　第三节　基层治理法治化中的派驻检察室工作检视应用 ······ 137

参考文献 ··· 145

第一章　中国基层治理概述

第一节　中国古代基层社会治理思想、策略及目标

以宗法和家庭伦理为本位的中国古代社会，在基层乡村治理过程中，积累了丰富的治理思想，也独具特色，形成多元复合一体的治理模式，运用多样的治理策略——道德教化、科举引导、榜样激励、乡贤治理及家训族法和乡规民约的规范；以实现淳风化俗、民德归厚的治理目标。这些做法和思想对于当今的基层社会治理有着积极的借鉴意义。

特定的地理环境、种族民族、风俗习惯和历史政治传统，形成了独具风格的中华民族，其中宗法制与家庭伦理本位尤为显著。可以说，中国古代文化与制度都是植根于这种伦理关系之中的。儒家认为"以血缘关系为纽带，把家庭及其成员凝聚在一个宗法家族内，对家族的孝悌可以放大至对国家的忠诚，实现家和国的完整统一，从而为政治关系罩上了一层人伦和血缘的袈裟"。建设基于伦理本位的政治文化，不可避免地将血亲关系和家长制带入政治系统，由此形成了家国同构的局面、忠孝一体、爱父忠君，保家卫国成为别无二致的政治伦理关系。

这样的政治伦理文化所塑造出来的社会，自然也就是一种熟人社会——以宗法血缘为中心，以亲疏关系为半径，构建起来的社会。在中国古代的基层社会，即乡村社会，以父权为权威的伦理本位维系着人伦关系的正常运行。即便在战乱年代，政权更迭之时，广大的乡村社会依旧有序地自行运转。费孝通先生称赞道："如果我们能想象一个完全由传统所规定下的社会生活，这社会可以说是没有政治的，有的只是教化。事实上固然并没有这种社会，但是乡土社会却是靠近这种标准的社会"。这种独特的熟人社会，有其自治之道，无须过多的政治干预，因而在古代中国往往是建制到县一级，有时到乡镇一级，而广

大的乡村则没有建制——乡村有其自身的运行之道，能够实现良好的自治。相对而言，乡村社会的政治化程度较低，而习俗与教化的程度较高。

在高度政治化的古中国，基层社会治理思想极为丰富，形成多元复合型的治理模式。即不再依靠单一的方式解决社会问题，而是以实用和功效为目的选取直接有效省事的方式来处理问题；治理策略多样，即以礼法为规范性标准，通过道德教化、科举引导、典范激励、乡贤治理及乡规民约的训导，以实现淳风化俗、民德归厚的治理目标。

一、中国古代基层社会的治理思想——多元融合

先秦时代思想家荟萃，诸子百家提出了许多治理思想，后经秦始皇"焚书坑儒"，思想界的百花齐放景象迅速衰落。至汉武帝又有"罢黜百家，独尊儒术"的学说，无疑对思想的自由发展给予了致命的打击。所谓的百家争鸣，此后也只是数家的互相融合，但实则是易、儒、道、法和墨五家尚有余韵。董仲舒引法入儒，又融会阴阳五行之说，形成"外儒内法"的治理思想体系，并成为后世帝王治国理政的重要方略。东汉时，随着佛教传入中原，与中国本土文化交融，进而形成禅宗。由于佛教对人心有超凡的安顿力，致使人们趋之若鹜，唐时诗人杜牧便感叹寺庙之多——南朝四百八十寺，多少楼台烟雨中。清代学者刘世琦对之进行考证，其书《南朝寺考》有言："梁世合寺二千八百四十六，而都下（南京）乃有七百余寺。"足见佛教之盛。朱熹亦言："佛氏乃为遁逃渊薮，今看何等人，不问大人、小儿、官员、村人、商贾、男人、妇人，皆得入其门。最无状是见妇人便与之对谈。如果老与中贵、权要及士大夫皆好。汤思退与张魏公如水火，杲老与汤、张皆好。又云：杲老乃是禅家之侠。"由此可窥佛教之盛况，也导致了"三武灭佛"惨案的发生，逐渐形成儒、道、佛三足鼎立之势。

此后，几无新思想传入，也少有新思想产生，更多的是各种思想的融合问题。晚唐以来，三教融合，成为中国文化发展的基本趋势，三教一家、三教归一，成为被社会人士普遍接受的观念。因不可摆脱的历史厄运——分裂与统一的循环，战乱不断，朝代更替，其间接后果就是人口被迫流动，但其促进了民族融合与文化的交融。在历史的巨轮下，各民族不断被汉化，即接受并学习以儒家思想为主的中原文化。在民族大融合的过程中，文化也不断地被融合。到唐朝一统时，国家主权得到巩固。贞观之治后，唐帝国成为真正的强国，文学艺术空前繁荣，各种思想逐渐交汇互融，以佛、道、儒三教为代表的文化走向融合的道路。

不过，宋之前的三教融合，基本上表层的，仍以本教为主而含摄别教，从而达到拓展本教思想和扩大本教的影响力等的目的——上则为帝王之学，或做帝王师，成为政治意识形态，下则成为民众的行为准则。故而，三教尚处于兼而未融的状态，广吸他者之长，以补己之短，却未有真正深入他者思想，进行综合创新。但是入宋后，儒、佛、道三教在新的政治社会环境中，迫于时代使命——担负实现统一与富强的政治共同体之梦——相互融摄、相互渗透、相互补充，在思想层面开始了深层的、广泛的、有机的融合，逐渐形成了以儒学为主体，佛、道为辅翼的"三教合一"的思想文化格局，进而形成宋代思想的综合创新之大成——理学。胡适先生指明了这一点："宋代承唐代之后，其时印度思想已过'输入'之时期，而入于'自己创造'之时期。天台、华严、禅宗三宗皆中国人自己融化印度思想之结果。唐末宋初又有道教之复兴，其影响及于政治（如宋代之《天书》等），又及于学术（如邵雍、周敦颐之论《易》）。当此之时，儒学吸收佛道二教之贡献，以成中兴之业，故开一灿烂之时代。"几经酝酿，便开出宋明理学与心学的灿烂之花。

这种多元思想深入交融之后，形成新的思想体系，即以儒学为主体，释道为两翼，外加易经、法家、兵家、农家、阴阳家及民间信仰等思想。并且成为官方的主流意识形态，明代则将朱熹理学定为士子们科举的必考科目。不仅上层政治人物奉之为治国宝典，下层百姓也视之为圭臬。深入广大的底层社会，成为教化的基本读物。因而，基层的社会治理也就与之相应，形成以儒家为中心的多元复合一体型的治理体系。即只要能够实现乡村的良治，就不分流派，抛弃门户之见，广摄各家理论，为治理所用。

先秦诸子思想历经汉魏，不断融合，进入唐宋以后，逐步渗入老百姓的日常生活之中。易经不再只是王侯将相们的宝典，也成了百姓日用的宝典，婚丧嫁娶各种生活事宜都得挑个良辰吉时，进而风水学、堪舆学和命理学大行其道。儒家思想在汉武帝时就成为官方学说，后又成为士子们的必读典籍，因而传播最快且影响深广，上至庙堂，下至乡野，无不推崇儒家的三纲五常八条。道家思想则通过道教和中医杂糅到百姓的生活之中，尤其是东汉政权的腐朽，促使了道教的兴起，五斗米道一时风行，成为百姓的人生明灯——在起义壮举的鼓舞下，道教深入人心，成为民间极为重要的思想。佛家思想则通过寺庙和民间信仰的方式，逐渐化入民众的生活，尤其是不少帝王对佛教的敬仰与推崇，加速了佛教的中国化与民间化。原本专属于精英阶层的各种思想，逐步社会化，已广为百姓共享，参与构建民间小传统——共同作用于中国社会生活。南怀瑾先生对三者的关系做了一个比喻：儒家是粮食店，人人非吃不可。道家是药店，生病了就得去买药吃。佛家是百货店，什么都有，高兴了就去逛逛。在统一的时代里，此言不虚。多种文化融合一体，在基层治理上也是如此——多种思想融合为一体，对基层社会产生了重要的作用。

二、中国古代基层社会的治理策略——多方并用

与之相应，在乡村社会的治理策略上，也是多元方式结合，以实用功效为短期目的，即何种方式最能有效地解决问题就用何种方式，以思维的经济原则为准，不再拘泥于门派之见。这一点尤其在治疗疾病上最为明显，若遇到疑难杂症，常规的医术无效，就用各种偏方，道家的符咒，甚至是巫术，无不尝试，以期解除患者的痛苦。

因而，中国古代基层社会治理策略仍以儒家学说为中心，即以德治为主，礼法兼用。之所以如此，其关键是因为中国古代启蒙教育与科举考试都是以儒家思想为主要内容。无论是家庭教育、学校教育和社会教育都是以修身养性的道德教育为核心。官学，自不待言，以主流政治意识形态为学习内容，始自西周的太学，至汉武帝时便设"五经博士"，习儒术为主。就连元代的汉文国子学也是以研习四书五经为主要内容的。唐宋时，诞生了相对较为自由的私学——书院，集讲学教育、藏书研究和祭祀教化于一体，重在自由讲学，学术研究和研讨问题成为中国古代学术发展的重要载体。但是由于国家的干预，即为书院投入物力、人力和资金的支持，且书院的发展也与当地政府的扶持分不开，因而书院免不了受政治的影响。不仅书院的主要负责人要被政府认可，而且学院的学习课程也要得到政府的许可。如此一来，自由的私学也是极有限的。且许多讲学的先生们，本来就是儒学大家，不少还是政府官员。如石鼓书院的七贤——韩愈、周敦颐、李宽、李士真、朱熹、张栻和黄干，无不是研习儒学而有成的贤士。于是在教学的过程中，也就是会强调道德修养的重要性，儒家修身八目也就成为学子们修身的方法。

于是，我国古代基层社会治理策略尤为重视道德修养，通过教育和修身养性，提高个体的文化素养与道德境界，达则兼济天下，穷则独善其身。《大学》云："自天子以至于庶人，一皆是以修身为本"，三纲、六证、八目是修学的原则与指导方法。在道德修炼中，不仅能获得知识，同时还能提高德性，且能学以致用，将知识转化为实践的力量。这种勤而不懈的修炼——旨在成为君子，更高者渴望考取功名，"学而优则仕"进入官僚系统，有所成就，光宗耀祖。次者，则在乡里有所作为，或是成为私塾先生育人为务，或是成为乡间贤人，担负着治理乡村的任务。

与修身相伴的治理策略则是高度重视教化，《礼记》言："建国君民，教育为先。"无论对个体还是国家，教育都有着至关重要的作用，是培育人才的主要方式，也是综合国力竞争的核心要素。古中国有着完备的教育体系，从幼教启蒙，至小学，至大学，都有丰富的教学课程，尤为重视道德教育，侧重儒家思想。若进一步考察，中国古代教育中的童蒙教育或家庭教育，就会发现汉以来，几乎都是以儒家思想为主，当然也包含书、数、御、乐和礼。古代的童蒙读物也是以儒学为主导。而家庭教育，还会增添自家祖上贤达的教训与族规教育，尤其是大户人家，则更为严格。

隋唐科举制的完善与全面贯彻，对基层社会产生了积极的作用，从此寒门子弟有了合法的晋升通道，成为古代乡村社会的最有力引导。而宋明科举内容以儒学为宗，促使底层社会对儒学的广泛接受和吸纳，儒学不断社会化，融入百姓的日常生活。儒学的观念和礼仪，成为民众的行为准则，规范着百姓的行为。在基层社会治理策略之中，还强调典范与榜样的引导作用。我国古代社会倡导立德、立功、立言"三不朽"伟业，激励人们积极入世，建功立业，为国家做贡献，成为典范。其中美德最为世人所称道，孔夫子就将孝道置于最重要的地位：君子务本，本立而道生，孝悌者其为仁之本。于是便产生了影响深远的"二十四孝"故事，成为激励人们的道德榜样。

久之，在中国古代基层社会形成一个独特的群体，一般称之为"士绅阶层"，成为基层社会的治理力量，这种策略可称为"乡贤治理"方式。士绅阶层包括士族和乡绅。早期士族往往是衣冠、门第、世族、世家、巨室与门阀等地方势力的统称。他们成为基层治理的重要力量。乡绅一般是由科举及第未仕或落第士子、当地有文化的中小地主、退休回乡或长期赋闲居乡养病的中小官吏、宗族元老等一批在乡村社会有影响的人物组成的。他们间于官民之间，充当官吏的角色却又不是官僚，虽是民众，却又在民众之上。他们拥有柔性权力与威望，依靠这种影响力而成为治理者，治理着当地的社会。

随着社会经济的发展与人口的迅速增加，作为乡村的士绅阶层也在不断扩大。因此费正清教授将之拓展为基层精英，严格讲是拥有科举功名的一小撮人，宽泛讲是富裕家庭，尤其是地方的地主与豪族。基层百姓可以通过读书、考取科举、捐赠、姻亲关系、荫子制和举荐制等多种方式成为地方士绅。而一旦成为士绅，获得乡邻们的认同，则具有一定的权力，扮演着重要的角色。在经济上，带领乡邻搞地方建设，既是倡导者，又是组织者，还是监督者。在礼法上，制定或修订地方的乡规民约，是乡邻私怨和纠纷的仲裁者；还是违德败俗行为的判决人——有权对触犯乡规民俗者进行一定的惩罚。在文化上，他们既是传统文化的继承者，也是保护者，还是传播者。在军事上，他们充当着地方军事组织者，负责当地的安全事务。甚至还可以组织团练之类的军事活动，维护本土社会的安定和谐。很多时候，这些士绅们还是其家族的大家长，也是家庭与家族的治理者。

通常情况下，士绅阶层都受过良好的教育，儒家的礼仪规范和国家法律制度都能够娴熟于心，是国家律法与礼仪在基层社会的代言人，具有极高的权威性。一般而言，士绅是乡村社会的楷模，兼具品德与智慧，往往是依靠正义和才华赢得乡邻众人的认同。当然也有少数人凭借家族势力成为士绅，甚至祸害乡里。但他们大多能够以乡邻的利益为重，秉公办事，维护乡邻的团结和谐。他们不仅自觉修身养性，还要求乡邻按照儒家的理念行事。"三纲五常"是社会和家庭的秩序原则——父为子纲，夫为妻纲，君臣父子各有差别，礼义不可逾，族规国法不可违。违纪违德者根据乡规民约进行处罚，而违法者交由政府进行惩治。在治理乡村的过程之中，德治、礼治和法治兼用，综合各种治理措施，以期快速有效地解决问题。

而治理中所依据的礼法，除了国家制定的明文律法和制度之外，士绅们可以结合当时当地的历史文化、习俗传统及现实需要，制定相应的家训族法和乡规民约。事实上，首先对乡村社会具有约束力的往往是家训族法，乡规民约和风俗习惯这种介于人情与法律之间的规训方法，为维护古代礼法社会的安定和谐，发挥着重要的功效；其次才是法律制度。因为前者才是与民众的生活息息相关的，而那些繁复的律法显得更为疏远。

故而，家训族法和乡规民约成为古代基层社会又一个有力的治理方略。中国古代的家训族法和乡规民约历史悠久，据可信史料记载，早在周代就已经产生。家训族法是我国古代家庭教育的文本形式，它是历代家长为教育子孙后代而专门撰写的"训示"与"教诲"之辞。其称谓甚多，也可谓家诫、家范、家规、家书、宗范和族范等。学界一般认为，家训萌生于周，成熟于两晋隋唐，繁荣于宋明。而其宗旨在于，教导后人成为一个完美的人——先君子，后圣贤，即同时兼具德性与智能。此乃家训族法的内在精神动力与追求的目标，进而形成优良家风，享誉乡里，福泽后世。家训内在精神具体呈现为：在人生价值观上以仁义为本、家庭伦理之中以孝为核心、为人处世以诚信友爱为原则，学习知识追求真理的过程中推崇尊师重道、修身养性，强调知行合一，而对于如何提高自制力则以遵守戒律为法则。而乡规民约是士绅和村民们，在不违背国家法律制度的前提下，根据乡土实况制定的乡民言行规范，既是道德伦理准则，又是具有约束力的规章制度，甚至具有一定的律法效力。这是一种比家训族法更具普适性和约束力的公共规范，超出一家一族，即数村数乡都要遵循的约定。它凝聚了乡村智慧，以劝善惩恶、厚风化俗为目的。其主要内容是儒家的礼教和儒释道的善言善行。

随着儒释道等文化的融合，家训族法和乡规民约也吸取各家思想。也可以说，后者其实是前者融合的结果。尤其是明清时期，国家强盛，经济繁荣，文化融合更为深入。这在家训族法和乡规民约上也尤为突出。

家训族法主要是规范家庭成员和家族成员之间的言行，是治理家庭家族事务的重要方法。它兼容并蓄，不同程度地吸收诸家思想。例如，山西祁县乔姓巨商为子弟立下家规，必须做到"五不准"：①不准吸鸦片；②不准纳妾；③不准赌博；④不准冶游；⑤不准酗酒。这是命令性的家规，犹如佛教的戒律，要求严格，具有很强的约束力。其目的在于约束后世商人的欲望，克己经商，不失儒者风范，为家族和社会做贡献，成为乡里人杰。与康德所言的道德定律一样，具有不可违逆的规范性。清朝江苏万集镇的余氏族规为"耕读堂族规十二条"。①敬天地，祭神祖。对天道心存敬畏，神明和祖先在上，理当祭祀。②孝父母，睦兄弟。在家庭中，以儒家孝道为本，孝亲睦手足，团结一心。③善待物，节财用。待人接物以善为原则，节约开支，这是儒墨节用思想的体现。④健体魄，惜性命。善养身体，爱惜生命，实为道家贵生贵身思想的呈现。⑤正婚姻，育子孙。成家立业，传宗接代，此为儒家思想。⑥习诗书，重礼义。实为学做人，乃儒家思想。⑦平常心，守本分。佛家强调平常心是道，善受本分，做好自己的事情。⑧严律己，宽恕人。此为儒家宽恕思想。⑨戒淫盗，禁非为。此乃佛家的戒律思想。⑩忍忿仇，息争讼。体现出儒释不争和宽恕思想。⑪红白事，量力行。节用思想的运用。⑫勤耕读，立身德。修己建德皆在自身，这是儒家的功夫论。不足百字的族规，却含摄了多家思想，综合创新的家训族法成为古代中国家庭教育的经典。

而乡规民约是规范乡村成员言行的准则。它也兼采众家之长，融会贯通，成为乡村治理的重要制度。江苏省的万集镇，清代时在洪泽湖大堤上，修建了五个减水大坝，便是按儒家的"五常"顺序从北向南间隔排开，在险要水段，分别取名为仁字坝、义字坝、礼字坝、智字坝和信字坝。巧妙地将儒家精神与水利工程结合起来，不仅能够起到防洪抗旱的作用，还能收到宣传教化的效果。

宋以前，官方对乡约的态度比较淡漠，既不反对，也不鼓励，到了明代，政府则大力提倡和推广乡约，因而《南赣乡约》应运而生，影响力极大。此乡约是融释道于儒学的大家——阳明先生于正德十三年十月所作。其文约而美，且又涵盖各家思想与劝诫。家训族法与乡规民约，是保障我国古代乡村社会自治的重要条件，使得人们能够邻里和睦相处，互相帮助，共同致富。

然而，需要指出的是这些独具特色的乡村治理策略，不是超脱于国家政治之外的，而是在遵循国家法律制度的前提下进行的。因此，国家政治法律与制度规定是底线，也是实现基层善治的基本方略。只是法律制度的刚性原则，难以解决复杂的现实问题，也难以兼容情感，更难以深入山高水远的乡村，为了实现有效的治理，所以才形成了容道德教化、科举引导、榜样激励、乡贤治理及家训族法和乡规民约的规范于一炉的多元治理策略。

三、中国古代基层社会的治理目标——纯风化俗

古代中国乡村治理思想的整体价值取向是以儒家思想为主，辅以释、道、兵、农和阴阳各家思想。因而这种多元复合一体型结构的治理模式，结构多元，要素多样，故而其治理目标也是多纬度的，不过实用与功效是其重要的衡量指标。

于个体而言，在乡村之中，其治理目标是安分守己，遵纪守法，依礼而行，勤于劳作，娶妻生子，富足兴家，家庭和睦，人丁兴旺，美誉乡里，就足矣。若能获得五福具至，则善莫大焉。这也是普通百姓所欲求的幸福生活。但是对那些勤学苦读的士子们，则不甘于此目标，他们习儒学，修养身性，努力成为德慧兼具的君子。优者考取功名，跻身官僚阶层，乃至实现更宏大的目标——为天地立心，为生民请命，为往圣继绝学，为万世开太平。次者在乡里有所作为，成为士绅。一则服务家乡，一则实现自己的人生目标。他们总体上还是秉持儒家积极入世的精神，只有少数科举失意的士子或是炼丹欲成仙，或是修佛欲觉悟，或是学易究命理，或是习医而救人，或是把玩艺术而有成，或是做先生教化乡民。

对于家庭而言，在良好的乡村治理之中，其目标在于实现有序的家庭关系，天地君亲师之道为人遵循，父子慈孝，夫妻和睦，兄友弟悌，家享五福——长寿、富贵、康宁、好德及善终，邻里关系友好，则为家家所欲求之目标。这也是基层治理、地方治理和国家治理的共同目标之一。实现幸福的生活是每个人的渴望，也是每个家庭的渴望。

对于社会而言，在乡村治理之中，则要实现社会淳风化俗、民德归厚、秩序井然、欣欣向荣的良好局面。"儒者在本朝，则美政；在下位，则美俗"。在中国古代社会，淳风化俗、厚德美俗是士绅阶层的职责，同时也是他们人生的价值所在。汉哀帝时，曾设立过"美俗使"的官职，派之专司风化一事。《汉书·何并传》载："诩至，拜为美俗使者"即为"宣美风化使者"，就是专门

负责治理民间风化的。正如王阳明所希望,通过家训族法的教育和乡规民约的规范,能够实现"皆宜孝尔父母,敬尔兄长,教训尔子孙,和顺尔乡里,死丧相助,患难相恤,善相劝勉,恶相告诫,息讼罢争,讲信修睦,务为良善之民,共成仁厚之俗"。人人向善,可成圣贤。家家和睦,父慈子孝,夫妻恩爱,兄弟团结,乡里友好,患难与共,无盗无讼,讲信修睦,民自新,德日厚,形成仁义慈德之风。

  对于中国古代基层社会治理经验的总结,有着极大的借鉴意义。因为我国人口庞大,基层社会人数众多,分布广泛,又因地形复杂、边境线长、民族多,且老百姓普遍受教育程度不高、法制意识淡薄、功利性强,因而基层社会问题既繁多,又复杂,且难以治理。又因城镇化不断推进,当前我国城市人口过半,形成新的聚居模式,即城市社区既是新的治理区域,也是难题。尤其难以在顶层设计上,找到一个最佳方案。那么,古代基层社会多元一体的复合型治理模式与思想,不失为一个有效的借鉴方案。

  新时期,推进美丽乡村建设,在坚持中国共产党的领导之下,综合古今中外的基层治理理论,创造出适合当前社会经济发展的乡村振兴之路。党的十九大报告提出了乡村振兴战略,即"产业兴旺、生态宜居、乡风文明、治理有效、生活富裕",而我国古代基层社会的治理思想,恰有可资借鉴之处。继续加大乡村教育的投入,尤其要重视道德教育,使人们重建道德价值观,提高自身的道德意识,不断完善自身;但是要避免千篇一律的说教,道德是自我对自身的要求,是每个人自己的精神事务,不能从制度设计上进行规定,否则会陷入形式主义的伪善。通过榜样人物,进行柔性的引导,通过社会问题,揭露公德匮乏的严重后果,使人们认识到"善"的正能量,进而在生活中践行。由于我国体量超大,各级政府难以面面俱到,因此可以适度采用"乡贤治理"之法,吸纳优秀的村民或社区成员,参与基层社会治理活动,充分发挥基层百姓的积极性,自主地解决问题。然而,需要警惕的是,一些基层黑恶势力趁机变身为"乡贤",进而侵占公共利益,危害一方。在基层社会治理之中,大力弘扬传统的家训族法与乡规民约,宣传优良家风,发挥家庭自治的优势,亲子间言传身教,耳濡目染,使之成为人们的行为准则。于是,习近平同志在2016年,会见第一届全国文明家庭代表时提出:"动员社会各界广泛参与,推动形成爱国爱家、相亲相爱、向上向善、共建共享的社会主义家庭文明新风尚。"但是,这一切都是在社会主义法治的前提下,进行甄别和借鉴的,以免熟人社会中乡规民约有悖法律的公平正义。这样才能促使社会主义乡村走向法治、文明与健康的振兴之路,实现宜居、文明和富裕的愿景。

第二节　数字命名与中国基层治理制度创新

改革开放以来，中国基层治理出现很多制度创新，而这些创新都牵扯到一个重要的"命名"问题。其中，数字命名具有普遍性，也是一个不容忽略的现象，它与以地名、区域文化等命名方式共同成为制度创新中的关键问题。然而，长期以来，学界对此少有关注，更缺乏研究。笔者认为，数字命名在制度创新中大量出现，是有现实、生活、文化、哲学基础的，也与示范活动、评奖制度、政治修辞等有关。数字命名的最大优势是简洁、明快、易记，具有激活功能；不足之处在于同质化严重和表面化理解。今后，应强化文化品质和创新性，在充分发挥民间草根智慧的同时，进一步提升数字命名的学理性概括能力。

在中国基层治理的制度创新过程中，"命名"是个不容忽视的重要问题。换言之，以何种方式、什么内容、怎样的价值观进行命名，对于制度创新来说至为重要。例如，有的用"地点"命名，"温岭民主恳谈"最有代表性；有的以"节日"命名，吉林延边的龙井市将3月12日（植树节）定为"村务公开日"；还有的彰显了地域文化，吉林梨树县的"海选模式"就有这样的特点。当然，还有的以数字命名，以显示其独特性和普遍性。然而，从命名这一角度研究中国基层治理制度创新者并不多见，从数字命名角度切入的研究者更少。本节拟从数字命名与制度创新的关联入手，探讨中国基层治理的诸多问题，以提供一些思考和方法论方面的启示意义。

一、数字命名基层制度创新成普遍现象

如果说改革开放以来中国的基层治理取得了哪些成就，人们很难概括，也极不容易确定；但从创新模式看，就往往变得清晰明了，虽然这一做法很可能并不完全甚至会挂一漏万。也就是说，支撑整个改革开放以来中国基层治理成就的是如大地一样深厚的民众基础，但最有代表性也是最受关注的往往是那些创新模式，是获得各种奖项的创新单位。像"中国社会创新奖""中国社会管理创新奖""全国社会治理创新最佳案例评选"等活动已举行多年，其中涌现出太多的创新成果。不过，研究者恐怕更关注的是哪些单位获奖，对于其奖项命名多有忽略。因此，对包括创新奖项在内的各种基层创新模式进行研究，我们发现数字在命名中是一个绕不过去的问题。

关于数字"1"，最典型的是江苏太仓的"一票制"。这是一种无候选人的选举，其最大的优点是节约成本、简便易行、快速高效，尤其是能更好地展示民意。

关于数字"2",以山西河曲县的"两票制"选举为代表。早在1991年,山西河曲县实行"两票制"选举:先由村民投一次"推荐票",推选党支部和村委会候选人;然后再由村里党员投"正式票",选出村两委干部。这个"两票制"主要强调领导"不画框框,不定调子,不提名单,不搞限制",充分发挥村民参与的积极性和能动性。河曲县的"两票制"经验,后来在河北省、河南省、安徽省、广东省、四川省等都得以推广、发展,成为影响全国的制度创新模式。

关于数字"3",有浙江嘉兴桐乡市的"三治合一",即"自治、法治、德治"的统一。关于这一点,它后来被正式写进党的十九大报告,可见其重要性。河南许昌在村委会选举中,采取的是"三下三上三公布",不过,后来有的地方如许昌桂村乡水道杨村将之简化为"二下二上二公布"。吉林梨树县村委会选举有"三不三直接",这主要包括:一不包办代替,由村民直接推荐选举领导小组;二不内定名单,由村民直接酝酿、协商和推荐确定候选人;三不划框定调,由村民按法规直接投票。在实行上述办法时应重点直接抓三个环节:一是确定选举资格,充分体现选举的广泛性;二是按大多数民意确定候选人;三是全体村民直接投票选举。山西忻州市建立"三查三降三促"监督制度,即通过"查问题、查原因、查责任",以达到"降总量、降重复访、降越级访","促作风、促担当、促能力"的目的。

关于数字"4",可举福建平和县的"四会一体"和湖南石门县的"四位一体"制度创新为例。所谓"四会一体",是指2013年以来,福建平和县创新在党支部领导下的村民自治模式,这包括村代表议事、老党员参事、理事会理事、监委员会监事。所谓"四位一体",是指湖南石门县确立的将"镇区保洁、公路保洁、河道保洁、村庄保洁"融为一体的大环卫保洁制度模式,从而突破以往各自为政、难以协调的局面。

关于数字"5",有成都天府新区华阳街道创建的社区治理"五线工作法"。这包括凝聚党员线、健全自治线、发展志愿线、壮大社团线、延伸服务线。另有广东清远连州市的"五民主五公开工作法"。所谓"五民主五公开工作法",是指为健全民主监督机制,在村委会议事决事时,推进和实行"民主提议、民主协商、民主决策、民主理事、民主监事"。还有浙江临海县的以"五步法"推进文化遗产保护制度、湖南花垣县十八洞村的扶贫"五个精准",都值得给予足够重视。

关于数字"6",有广东清远连州的"六个到位"。所谓"六个到位",是指针对镇村的"六乱"状况,实行的"领导到位、责任到位、措施到位、人员到位、宣传到位、巡查到位"。这是偏向监督检查制度建设的制度创新。又如，河南辉县的农村政务"六公开"影响很大，曾受到前国家领导人温家宝的高度评价。

关于数字"7"，既有青海省西海镇区的"七联七共"区域化党建共创新模式，也有湖南花垣县关于扶贫的"七步法"。所谓"七步法"，是指"户主申请，群众投票识别，三级会审，公告公示，乡镇审核，县级审批，入户登记"七个方面。还有山东诸城农商银行的"七联七共"打造乡村振兴新模式，这个"七联七共"包括：理念联同，策划共议；阵地联建，平台共享；政银联谊，合作共创；组织联管，团队共融；文明联创，信用共建；服务联动，成果共享；民生联助，惠民共帮。云南文山市西山社区民族团结进步示范区的"七联七共"包括：党建联创，共强组织堡垒；自治联建，共促民主团结；管理联动，共谋发展进步；服务联做，共解群众急难；治安联防，共保和谐平安；环境联抓，共创美好家园；风尚联倡，共树文明新风。

关于数字"8"，当以河北藁城的"八公开"、河北承德大字村的"八步直选法"、重庆开县麻柳乡的"八步工作法"最有代表性。1989年5月，河北藁城实行"八公开"：一是计划生育照顾、处罚公开；二是宅基地发放公开；三是集体财务管理公开；四是生产资料发放公开；五是新上集体企业项目公开；六是村办企业招工公开；七是签订经济承包合同公开；八是干部的目标责任制公开。1996年7月，河北承德市围场满族蒙古族自治县龙头山乡大头村，进行第四届村委会选举，并创造"八步直选法"，得到民政部领导和中外专家学者的高度评价，标志着中国农村民主选举跨入规范化阶段。第一步，选举部署。第二步，选举发动。第三步，选民登记。第四步，组成村民代表会。第五步，产生候选人。第六步，正式选举。第七步，建立组织机构。第八步，建立规章制度。1998年，重庆开县麻柳乡创建"八步工作法"，凡涉及村级大事都要经过以下八个程序：深入调查收集民意、召开会议讨论初定方案、宣传发动和统一思想、民主讨论确定方案、户户签字进行公决、分解工程落实到户、村民小组组织实施、竣工结算张榜公布。

关于数字"9"，湖南花垣县扶贫中的"九不评"值得重视。所谓"九不评"，是指：家里有拿工资的不评、在城里买商品房的不评、在村里修了三层以上楼房的不评、拥有大中型农业机械和车辆的家庭不评、不务正业和懒惰成性且不履行赡养义务的家庭不评等。

关于数字"10"，山东"莱西经验"中有"十项制度创新"：一是村民委员会组织章程，二是村民委员会管理规则，三是村民会议、村民代表会议制度，四是村民委员会联席会议制，五是镇政府指导村民委员会工作通则，六是村民委员会选举规则，七是村民公约指导纲要，八是财务公开、民主理财制度，九是乡政府代记账制度，十是村民教育纲要。

当然，更多的基层治理制度创新并不是严格按单一的数字命名的，而是具有多样性、复杂性、混合性，是一种具有交叉、联动的组合方式。例如，河北武安的村级"一制三化"，强调在党支部领导下，实行支部工作规范化、村民自治法制化、民主监督程序化。又如，山东即墨的"一会一审两访三必谈"工作机制，安徽南陵县在农村实行的"三会四自一平台"微治理改革，湖北京山县推选的"治理1+8"智慧平安乡村云平台模式。再如，新疆察布查尔县的"1+6"模式，内蒙古开鲁县嘎查村的"532"工作法，青海省海晏县探索的社会治安防控"1245"和"74321"工作模式，四川南江县创新供销社三方联动、双线运行、五项服务、三大保障的"3253模式"，上海浦东新区合庆镇的"1+1+X"组合式模式。可以说，与单一的数字命名相比，组合式更为突出，也更为重要，它们是更值得深入研讨的制度创新点。

以上举例，只是改革开放以来中国基层治理制度创新数字命名的一部分，甚至只是冰山一角。多年来，笔者到过十几个地方（省、市、地、县、乡镇）调研，足迹所至可谓多矣；但与广大的全国基层尤其是乡村相比，那是微不足道的，因为我们所到之处主要是典型创新地。其实，没有得到广泛报道，只做不说、多做少说的创新单位往往更多，用数字进行命名的制度创新更是一个富矿，值得展开深入研讨。不过，以"1"到"10"以及更多数字及其组合的方式，对基层治理制度创新进行命名，这一问题应引起学界的强烈关注和高度重视。

二、基层制度创新以数字命名成因分析

用数字给基层制度创新命名，这不是偶然现象，而是一种必然，一种符合基层治理实践与社会发展趋势的必然要求。分析其成因，找到数字与基层制度创新的密钥，这对于理解基层治理和国家治理都具有重要意义。

首先，数学、数字已成为人们尤其是广大基层群众日常生活中不可缺少的事物。作为一门专业，数学已成为大学、中学、小学最基本的课程，没有哪个地方、哪次考试不考数学；作为学生家长，他们都关心甚至需要自小辅导孩子做数学作业。可以说，数学已成为与广大人民群众最密切相关的知识。另外，数字是每个人都离不开的工具：一个农民也可能没上过学、识字不多，但他对基本数字往往都比较熟知；一个市民尤其是市场经营者，他可能学识不多，但对于数字尤其是计算则比较敏感；加之，数字电视、互联网的兴盛发达，几乎没

人能置身于数字之外。可以说，如从中国基层群众角度看，数字可能是他们最熟悉、最了解、最常用、最擅长的"工具"或"话语"之一，是生活之所必需。既然如此，作为中国基层制度创新之命名，当然就离不开数字这个坐标、这把尺子、这个天平、这杆大秤。

其次，中国的数字文化与数字智慧有着内在、长久、深刻的影响力。作为一门独立学科，数学是由外国人发明的；但这并不等于说，中国没有数学，在中国古代它被称为算术或算学，在"六艺"中又被称为"数"。早在《周易》中，就有关于"数"的推衍，从太极、两仪、四象、八卦，然后到六十四卦，数字成为一种文化与智慧。老子《道德经》也包含了数字的文化哲学，其对"道生一，一生二，二生三，三生万物"的概括，就颇具代表性。有人统计了孔子《论语》中的数字运用，认为孔子对"三"情有独钟，前后共用14次，因此得出这样的结论："'中和'就是'三'，而'三'也就是'中和'。"比较而言，外国对于数学虽也有形而上理解甚至美的感受，但很难像中国这样赋予数字以更多的文化哲学和人生智慧，以至于在普通中国人心目中，数字甚至带有神秘的吉凶福祸的特征。有学者指出："至于体现'数'的概念的那些基本数词所蕴藏的文化内涵，更是许多含金量极高的富矿。""数，作为一种文化形态，不只是简单的数值符号或数学概念，它在人类文明发展的长河中是各种宇宙观、哲学观、宗教观、价值观、审美观等的反映和象征。"由此可见，不能简单更不能无视"数"的文化与智慧，这在中国古代尤其如此。现代人尤其是基层民众也许远不像中国古人那样对数字充满敬意甚至崇尚，但其文化与智慧一定会延传和流动的，不可避免会渗透在我们的意识甚至潜意识中，成为我们的价值选择与行为遵循。从此意义上说，中国基层治理的制度创新在命名时，数字不可能置身于事外，不渗透于其间，从而产生内在深远的影响。

再次，当代中国的政治化数字修辞自觉不自觉地起到示范和引领作用。近现代中国也有以数字作为政治化修辞，像"三民主义"即是；但真正的政治化数字修辞得以成熟，还是中国共产党成立尤其是中华人民共和国成立后的事情。如毛泽东早就提出"不拿群众一针一线""三大纪律八项主意""三三制原则"等，后来邓小平提出"一国两制"的策略以及"两手抓，两手都要硬"的号召，江泽民提出"三个代表"，胡锦涛提出"八荣八耻"。到习近平总书记则更加强调数字化的政治修辞，他创造性地提出"一带一路""一个梦想""三严三实""四个全面""五大理念"等，为治国理政提供了很好的关键词与标识性概念。需要说明的是，党和国家领导人在数字政治修辞上，既有个人化的表达也有某些连续性和一贯性，从而形成一种继承和发展的关系。如"两个一百年"

首次在十五大报告中提出，到十八大报告则得以重申：在中国共产党成立一百年时全面建成小康社会，在新中国成立一百年时建成富强民主文明和谐的社会主义现代化国家。在十九大报告中也有这样的表述："从十九大到二十大，是'两个一百年'奋斗目标的历史交汇期。我们既要全面建成小康社会、实现第一个百年奋斗目标，又要乘势而上开启全面建设社会主义现代化国家新征程，向第二个百年奋斗目标进军。"在十八大和十九大报告中，分别专列一节谈"丰富'一国两制'实践和推进祖国统一""坚持'一国两制'，推进祖国统一"，这与邓小平的"一国两制"遥相呼应，并表现得更加迫切、自信与明确。很显然，与以往相比，这一次目标更明确、步骤更实际、方案更科学，也表现出少有的自信。作为国家治理的重要组成部分，中国基层治理自然会受到国家关于数字政治修辞的影响，在制度创新的命名上必然有所体现。

最后，示范、申报、评比等推动了基层制度创新的数字化命名。在中国基层治理中，最有成效也是有实际突破意义的是村民自治，而城市社区建设起步晚、变化少，21世纪后才开始发力。因此，关于用数字给基层制度创新命名，较早出现在村民自治中。早在1989年5月，沈阳市在全市6个县区创建26个村民自治示范村，并制定《沈阳市村民委员会建设标准（试行）》，其中提出"五有一能"六项标准，并给每项打分，分数达到90分则为"示范村"。这是在村民自治示范活动中，用数字考核和命名的开始。1991年3月31日，辽宁省制定下发的《开展村民自治示范活动方案》中，又提出村民自治示范村的"十有一能"标准，这是用数字规范村民自治示范达标活动的制度创新。为申报评比，数字往往也成为地方政府和广大干群的重要选项，因为它比地名、地方文化更直观和简洁；而以数字命名的制度创新得以获奖，则往往更激发了这方面的追求与动能。例如，作为"两票制"发源地的山西河曲县曾两度被国家民政部授予"村民自治模范县"，后又实现了新的转变，即由原来的"两票制"发展为"两才制"。如果说前者是为了怎样选拔干部，那么后者则是如何使用干部。不过，其用数字对制度创新进行命名的思维没变。又如，重庆开县麻柳乡的"八步工作法"曾获全国村务公开民主管理制度创新奖，并在八项创新奖中居首位。再如，浙江杭州上城区的"服务社区社会组织成长的'三社'模式"项目，获第三届"中国社会创新奖"。在2011—2013年连续三年"中国十大社会管理创新奖"中，就有9项是以数字命名的。这包括：浙江德清县的"城乡生活垃圾处理一体化工程"、淮安信访局的"'126'信访工作新模式"、上海浦东新区的"'两新企业'新型党建探索"、四川成都新都区的"社区社会管理服务'五步工作法'和'四化模式'"、浙江温州鹿城区的"全力构建三级便民服务体系"、湖北随州市的"'两清四减',深化行政审批制度改革"、贵州六盘水市的"政法机关'三铁措施',服务非公经济促进社会和谐"、四川省双流县的"探索'五化'管理模式,新型社区实现群众自治自管"、山东济南章丘区的"'章丘模式'集效能智慧文明于一体的政务服务平台",其所占总比重近三分之一。这反映了在申报、评奖时,对于以数字命名制度创新的重视程度。还有,成都武侯区的"探索'三转双向两护'基层网络空间综合治理的'武侯样本'典型案例",荣获2017年全国"社会治理创新最佳案例"奖。应该说,当激励机制做出示范和引导时,用数字命名制度创新的模式就会更加抢眼,甚至自觉不自觉地变为一种价值选择和社会审美倾向。

总之,在中国基层尤其是乡村治理的制度创新中,出现大量甚至有不少有广泛影响的经典模式,都是以数字命名的,这并非偶然,而是有其多方面原因和基础的。弄清这一点,我们就可进一步深入分析这一现象的效用,尤其是它对乡村治理和国家治理的意义。只有站在这一高度,才能认识到数字政治修辞的重要价值。

三、数字激活基层治理制度创新

到底数字有何特点,它又隐含了怎样的奥秘,以至于在中国基层治理的制度创新中常被用来命名。这看似简单的问题,实际上比较复杂,也是意味深长的。换言之,数字因何种优势能得到制度创新的青睐,成为命名的关键。笔者认为,最主要的是它的变动性、张力效果和激活功能,它能高度概括和擦亮制度创新的内涵与光度。

简洁而丰富,这是数字命名的第一个特点,它可对制度创新进行准确定位。一般而言,用地名、事物名来概括,易产生某些陌生感和耗散性,因为很可能有些人对某地、某事、某物并不熟悉。数字则以简洁的形式为人熟悉,也具有高度概括力,可最简约地对制度创新进行浓缩。以"一"为例,它是最小数字,笔画不能再减,所以高度凝练而精确,这也是"一票制""一体化""一票否决""一带一路""一针一线"等数字所包含的美学意蕴。不过,另一方面,"一"的内涵丰富、文化底蕴深厚、哲学境界高妙,所以,有"以小显大""以少胜多"之功。如在中国传统文化中,有"天人合一""抱朴守一""见一知十""一叶知秋""一举两得""一言九鼎""一概而论""一言以蔽之"这样的成语,是对于"一"的丰富多彩的集中体现。有学者称:"'一'虽是最小的自然数,但在哲学家那里,它并非总是代表小或少,而常表示大和多,好像孙悟空的金箍棒,可大可小,大可赛天地,小可比毫芒,充满玄机。""'一'是起源,少小、质朴，又是终结、博大、瑰玮。"对于"0"，我们往往也是误解甚多，忽略其简洁与丰富，即"无"中之有，或"有"中之无。其实，在这个表面看来的空洞中，有着可不断挖掘的丰富内容。有学者指出："在数学中，'0'是唯一的正、负数都不沾的中性数，是无穷小量的极限，又是无穷大量的倒数。它同别的数字加在一起，放在小数点的右边可以无限的小，放在小数点的左边可以无限的大。它表示一无所有，但也预示着开始；它只有跟在他人后边，才能显示出自己的存在和实在。这个神奇、奥妙、独特的数蕴涵着深刻的人生哲理，包藏着深厚的文化底蕴。""这就是那个永远识不够、数不尽又曲尽其妙的'0'，它那数字'0'概念所蕴藏的辩证内涵，及其书写的圆形状所赋予的无尽外延，铸就了'0'文化的完满包容。"由此观之，数字的"简"与"繁"所包含的辩证法，其他数字也都有这样的特点，所以使之在制度创新命名时，收到以少胜多之效。

形象而生动，这是数字命名的第二个特点，可为制度创新带来新鲜的生命活力。以"一针一线"和"一带一路"为例，它虽然只是个"一"，但因为与针线、带子和道路相联系，形象感增强，本来较为抽象的政治制度一下子生动鲜活起来，变得形象可感。基层治理的制度创新命名也是如此，湖南花垣县脱贫制度有"五跟法"，意为："资金跟着穷人走，穷人跟着能人（合作社）走，能人（合作社）跟着产业走，产业跟着市场走——整合资金，利益共享，让市场主体带着贫困户闯市场。"这个"五跟法"首尾相接，形成一个颇具游戏性质、动态感的循环。还有宁夏回族自治区中宁县的村级财务管理"五牙子章"制度。这是将一枚图章一分为五，由五位村干部各持"一牙"，像五瓣梅花，所有报销都必须五人在场，"五牙"对齐，形成一个完整的图章，方可生效。这样的数字命名，形象感极强，一下子将乡村制度创新的特点概括出来。作为一项政治制度，更多时往往比较抽象难解，有时用很多文字也不一定能表达清楚；然而，好的数字以形象显现，能使制度创新顿时变得活灵活现，有一种可触摸感，让人不易忘记甚至过目不忘。

清晰而有序，这是数字命名的第三个特点，有助于呈现制度创新的丰富复杂内涵。总体而言，中国基层治理中的制度创新刚开始时，内容往往比较简单，也易用文字或单个数字进行命名；随着社会发展速度加快，基层治理所承载的功能增多，尤其是城乡统筹发展、协同治理以及信息传媒与"互联网+"的发展，许多领域变得愈加复杂多变，这就为制度创新的命名带来难度。由于数字具有灵动性、包容性、可组合性，所以在这些方面它可发挥其巨大功能，这也是数字智能化的必然趋势。以黑龙江漠河为农村党组织设计的"12345678910"农村党建工作法为例，它通过从"1"到"10"自然排列的数字进行制度创新命名，每个数字代表一个意思，而所有数字又构成一个整体，这样就可在"有序"中反映多元、立体、复杂的内容。具体而言，包括的内容为："一个阵地、两委班子、三级站点、四联机制、五种类型、六个常识、七天坐班、八类经费、九种标识、十项制度。"在一一对应中非常清晰地显示了数字命名包含的巨大功能。成都天府新区华阳街道安公社区创建的"12345"微权力治理模式也是如此："1"是"一套体系"，"2"是"两个通道"，"3"是"三个公开"，"4"是"四步议事"，"5"是"五方监督"，包括的内容虽比较繁复，但井然有序中是个完善的整体。

易懂而好记，这是数字命名的第四个特点，从而使制度创新内化于心。由于制度创新最重要的是标识性概念，需要高度浓缩和提升，因此让人能懂又不易忘记，就显得非常重要。"一票制""两票制""一票否决""三下三上三公布""五牙章""八步公开""九不许"，甚至"12345678910"等都非常直接、易懂好记，可谓入口即化，是接地气的命名法。表面上看，"12345678910"相当复杂甚至有些混乱，但实际上可将之看成一个数字组合，或者一个"大数字"，也就变得易懂好记了。又如，广东清远的"一机构、两平台、三中心、四机制"农村集体产权管理服务运作模式，由于四者之间处于循序渐进的关系中，所以并不显得突兀和混乱，比较容易理解和记住。再结合具体解释，就更易掌握了："一机构"，即区镇两级成立的农村集体"三资"规范管理办公室。"两平台"，是指"新会区农村集体资产资源交易监督平台""农村财务监管平台"。"三中心"指以镇街为单位，统一成立农村财务服务中心、资产资源交易中心和建设工程招投标中心。该模式实现了集体资金公开化、资产管理规范化、资源配置市场化、监督手段多元化、运行机制阳光化。由此可知，数字的合理运用与有效排序是制度创新命名的关键，它可使人进入一个通畅、通达、通明的境地，有豁然开朗和天地之宽的感觉。

数字是复杂的，也是简单的；数字是纷繁的，也是有序的；数字是坚硬的，也是柔软的，问题的关键是能否掌握其规律，理解其文化，参透其哲学，进入其道心。在这方面，《周易》为我们建立了一个范式，铺平了宽阔道路，提供了研究方法。改革开放以来中国的基层治理制度创新也是如此，它借助数字找到了一种命名方法，从而形成不同的模式，并与其他命名方式一起，为构建基层治理的学科体系、学术体系、话语体系发挥了应有的作用。

四、数字命名基层制度创新存在局限

在中国基层制度创新的命名过程中,既有可借鉴的经验,也有值得吸取的教训。数字命名也不例外,由于它发展的时间并不长,理性自觉的意识并不强,学术研究更是一片空白,这就导致它还处于初期阶段,有不少局限甚至误区存在,这是今后我们应加以研讨的重要方面。

1. 同质化倾向明显

用数字为中国基层制度创新命名也需要创新性,即需要在数字与制度之间建立一种对话、补充、融洽、和谐的关系,这样方能显示制度创新的品质与境界。目前,更多的数字命名缺乏个性,难以给人留下深刻印象,有的甚至有千篇一律之感。这不仅表现在一般的制度创新命名中,在产生较大影响的创新命名中也存在这样的局限。如重庆开县麻柳乡的"八步工作法"与河北藁城的"八公开"、河北承德围场大头村的"八步直选法"都是影响全国的制度创新,但它们之间也有些类同,同质化倾向明显。一方面,反映了三者之间的相互联系及其影响;另一方面,则反映了它们之间的同质性和局限性。还有河南许昌的"三下三上三公布"和山西忻州市开展的"三查三降三促"之间,在命名上也都有同质化倾向,这必然使数字命名效用大打折扣。关于"七联七共",就包括以下各地的相同命名:青海海晏、山东诸城、云南文山、安徽黄山。它们之间显然有大同小异的特点。另外,还有浙江宁波鄞州的"七联七促"、广西大化的"七联七助"、四川蓬溪的"七联七带"、陕西韩城的"七联七建"等,都可归于数字命名的同类行列。

2. 随意性太强

许多基层制度创新在命名时,对数字缺乏研究,更缺乏敬畏,从而有随意拼凑、罗列之嫌。例如,不能认真对待数字命名,看不到数字背后的文化与哲学,不能在数字与制度创新之间建立一种有机联系,这无疑会使数字如散子,命名的无效和无用,甚至会形成某种混乱,令人百思不得其解。又如,青海的海晏县探索社会治安防控"1245"微创新工作模式、甘子河乡探索的"74321"工作法,就有些随意,并未找到数字规律,也未与制度创新实现有效对接,这样的命名就不算是成功的。再如,宁夏固原的"134"农村矛盾纠纷排查化解机制、"4+1"村级事务民主管理机制,也可做如是观。所谓"134"中的"1",是成立一套组织机构,将乡综治办、派出所、司法所、信访办等站所力量整合,实行联合办公与集中调处。"3"是建立乡镇村组三级情报信息网络。"4"是落实四项制度,即领导开门接访制度、主动下访制度、"两排查一分析"制度、重要和重大节日排查制度。在"4+1"村级事务民主管理机制中,"4"是指村党支部统一领导、村民代表讨论决议、村委会执行决议、村监督会监督执行,"1"是指建立包含上级党委评价、村两委自评、群众满意度测评在内的一套评价机制。这看起来是非常细致的数字命名,但因过于随意和缺乏细致研究,致使命名模糊不清,也很难记得住。

3. 技术操作层面内容较多

纵观基层制度创新的数字命名,往往多停留在技术操作层面,缺乏高度的理论概括和有效提升。目前,以数字命名的基层制度创新有不断增加链接的趋势,为了显示制度创新的多样性、复杂化、立体结构以及成长主题,命名几乎变成数学公式,导致过于追求繁复难解。以宁夏固原的"1+21+X"脱贫攻坚制度创新为例,这是一个技术性较强的公式,不解释我们很难知道其含义。但固原方面的解释却是:"根"植方向,制定一个脱贫攻坚总规划;"枝"连项目,整合资源,实施金融、"两个带头人"等21个专项规划;"叶"开农村,制定村级脱贫致富规划。本来,以树木的"根""枝""叶"分别代替"1""21""X",以展示脱贫攻坚和制度创新,是形象生动也是颇有深意的;但如此的跨度、类比、对应,就比较烦琐和复杂,还停留在技术操作层面。最重要的是,看到"1+21+X"这样的数字命名,人们很难将脱贫攻坚与树木的根枝叶联系起来,即使经过解释,往往也要费尽周折、运用想象力,从而导致数字命名的失效,尤其是现在不少地方在为制度创新命名时,喜在数字中加"X""Y""N"等符号,从而造成某种混乱感。其实,好的数字命名既应重视技术操作,更要有理论高度,是高度凝练和提升的结果。像"一带一路""两票制"等就有这样的特点。

4. 文化内涵明显不足

因为数字是有文化的,以它命名的制度也是有文化的;因此,在用数字对制度创新进行命名时,应有文化的眼光和维度,因为从根本上说,没有文化支撑的命名既无内涵又无美感,还很难有长久发展。还是以"一带一路"为例,这个命名在简洁凝练、形象生动和高度概括中,包含了历史文化、海洋文化、丝绸文化、外交文化、人类文化,可谓文化之集大成者。又如"海选",最早它是由吉林梨树县农民提出的,是指在村委会选举中不定调子和不画框子,由村民推举候选人。开始,农民建议用东北话"海捞",但因为感到不雅,县领导费允成就说:"不叫'海捞',就叫'海选'吧!"这个命名后来在全国得以普遍推广，甚至成为许多电视节目的选秀用语，说明基层制度创新命名的成功。其关键之一是有文化内涵，除了东北文化外，还有大众文化、现代文化的内容。然而，就整体而言，时下的用数字给基层制度创新命名，还没达到这样的文化高度，这是今后需要努力的方向。

未来用数字给基层治理制度创新命名，需立足高远、精心研讨，在创新上有所突破。第一，要注意体现数字美学理念，而不是简单罗列数字或延长数字联结。第二，不能单一运用数字，更不能形成数字的路径依赖，可与其他的命名方式相结合，以做到取长补短。第三，结合基层实际，尤其是需要将特色与文化置于一个重要位置加以考量，以便让数字命名变成一种富有个性与内在品质的活动。第四，充分发挥民间草根智慧，防止和克服"被创新"的弊端，因为现在有不少创新命名是由领导说了算，并未充分发挥广大人民群众的主体性和创造性作用。只有让基层人民群众成为真正的创造主体，以数字为制度创新的命名才能富有活力和内在发展动力。当然，数字命名还要发挥学者的力量，让他们科学参与研讨和价值提升，避免目前的就事论事、缺乏理论概括的局限。

第三节 "枫桥经验"与当代中国基层治理模式

在中国政治实践中历来有总结推广基层经验的传统。中华人民共和国成立以来，以基层社会成员的创造性实践为基础，经由各级党政机关的总结与提炼以及中央决策层的肯定和推广，产生了许多区域性乃至全国性的基层经验。但是，随着政治与社会情势的变迁，过去大多数基层经验的影响力逐渐减弱并最终退出历史舞台。"枫桥经验"自20世纪60年代诞生至今，一直伴随着中国不同历史时期基层社会形态、社会需求以及社会矛盾的变化而不断创新与发展，经受住了历史的考验，体现出了跨越时空的内在生命力。

关于"枫桥经验"的社会科学研究已经取得大量的成果，丰富了对"枫桥经验"的认识和理解。但是，大多数研究仍存在三方面不足：一是研究现象化，即仅描述性地呈现"枫桥经验"的某种（些）外在实践形态，缺乏对其本质属性和内在机理的深度挖掘；二是研究碎片化，即局限于政法视角，从不同的侧面将"枫桥经验"界定为社会矛盾纠纷化解经验、社会治安综合治理经验、基层民主法治建设经验、平安社会建设经验、刑事政策的基层实践经验，以及党的领导、群众路线等方面的经验等，未能从基层整体情势上予以把握；三是研究虚泛化，即将时下流行的"互联网+"、大数据运用、人工智能等主题与"枫桥经验"简单联结，从而影响了"枫桥经验"研究的严肃性，更有可能歪曲"枫桥经验"的实质内涵，使人们对"枫桥经验"产生错误的认知。总体而言，"枫桥经验"的内在生命力并未得到充分且有效的揭示。

在新的历史时期，对"枫桥经验"予以本质化、整体化的研究，需要认清"枫桥经验"的历史定位。经过多年的发展，"枫桥经验"已经成为综合性、普遍性的基层治理实践模式，有效回应了当代中国基层治理面临的基层社会主要矛盾及普遍性问题。更深层的原因在于，前述个别化的实践形态背后均蕴含着塑造基层治理主体、构建基层治理单元、创制基层治理规则等基层治理体系的基本要素。

根本上，"枫桥经验"在基层治理方面始终秉持国家中心主义立场，即国家把社会中其他行动者吸纳到社会事务的管理中来。目前的诸多相关研究仅从概念和逻辑上延续西方学术界对治理的界定，宣扬一种新自由主义的规范性主张。该类主张一方面模糊了国家权威之所在，通过强调主体多元与权威多元，以及水平的权力结构来弱化、消解国家权威；另一方面以一种相互排斥与分离的取向看待治理中的国家力量与社会力量。中国一统性政治体制决定了中国的国家治理理论必然是国家中心主义的，基层治理作为国家治理体系在基层社会的具体实践，也必然是国家中心主义的立场。

正因如此，"枫桥经验"的形成与发展过程具有很强的建构性，集中体现为顶层（中央）的肯定、倡导与政策指引以及浙江省各级党政机关的调研总结与理论提升两方面。枫桥当地的创造性实践能够成为"枫桥经验"的关键助力在于毛泽东的肯定与其批示所赋予的显著政治位势。2013年10月，习近平就"枫桥经验"做出重要指示，要求各级党委和政府"把'枫桥经验'坚持好、发展好"。浙江省委省政府以及绍兴市、诸暨市等地方党政机关随之深度介入"枫桥经验"的形成与发展过程的研究中来。近年来，浙江省各级党政机关及其干部致力于将"枫桥经验"构建成为中国基层治理的典范模式，把党建统领、人民主体、"三治"结合（自治、法治、德治）、"三共一体"（共建、共治、共享）、平安和谐等内容列为"枫桥经验"的核心要素。

"枫桥经验"集中体现了中国基层治理的普遍性经验，是中国基层治理的典范模式。本节将以此为定位，进一步揭示"枫桥经验"所蕴含的基层治理实质内涵，探讨改革开放以来"枫桥经验"应对的基层治理现实困境、"枫桥经验"所呈现的基层治理内在机理，以及新历史时期的"枫桥经验"作为基层治理模式的基本实践要素。

一、"枫桥经验"蕴含的基层治理实质内涵

"枫桥经验"之所以能够在不同历史时期有效回应基层治理中的普遍性问题,恒久地成为一种具有全国影响力的基层治理模式,是因为其具有特殊性的基层治理实践蕴含着基层治理的实质内涵。只有穿透"枫桥经验"实践形态及其具体要素,从根本上把握"枫桥经验"与基层治理的内在统一性,才能真正地理解"枫桥经验"作为基层治理模式的典范意义。"枫桥经验"蕴含的基层治理实质内涵主要体现在以下三方面。

(一)国家与社会成员关系的创造性建构和调整

国家与社会成员关系随着社会情势的变迁而不断变化,基层治理必须依循着基层社会基本形态、主要矛盾以及现实需求的变化而恰当建构和调整两者之间的关系。在各历史时期,"枫桥经验"正确把握国家与社会成员关系的变化及其实质,通过创造有效的方式、方法、体制、机制,构建和调整国家与社会成员关系,实现了基层的有效治理。

改革开放之前,党群关系和干群关系是国家与社会成员关系的绝对主导,集中体现为党和国家对群众的组织、动员、控制、矫正及濡化。"群众路线"最初的建立与运行就是在全能主义国家的社会经济结构以及意识形态条件下,依靠"群众动员"来替代逐利导向的非正式官僚。

改革开放之后,国家通过立法、执法、司法的全面推进实现了基层的法治化建构与运行,国家与社会成员的关系由政治性的话语体系转变为法治性的话语体系,从而使基层、国家与社会成员之间的关系体现为党群关系、干群关系、管理者与被管理者(执法者与被执法者)的关系、政府机关与社会组织的关系等特定关系簇成的关系丛。在此关系丛中,同时存在政治、法治、社会(包含道德)以及市场经济等数套话语体系,既有彼此契合、重叠、吸纳的情形,更有相互错位、冲突、博弈的情况,导致"语言混乱"乃至"结构混乱"的困境出现。

"枫桥经验"及时回应前述转变,探索出了帮教经验和治保经验,逐渐形成了融"打、防、教、管"集一体的社会治安综合治理实践经验。经过后来十余年的发展,"枫桥经验"逐渐聚焦于社会矛盾化解,集中体现为"组织建设走在工作前,预测工作走在预防前,预防工作走在调解前,调解工作走在激化前"的"四前"工作法。相应地,"枫桥经验"被总结为"小事不出村、大事不出镇、矛盾不上交"。进入 21 世纪,根据社会治安、管理情势的变化,"枫桥经验"逐渐突破社会治安的领域,内含社区矫正、流动人口管理等社会管理工作,形

成"党政动手、依靠群众、源头预防、依法治理、减少矛盾、促进和谐"的社会管理工作格局。同时,"枫桥经验"作为"平安浙江"建设的重要组成部分,在社会安全防控体系建设方面也开展了许多创新性实践。

(二)中央政策在基层的优化实施

"枫桥经验"在回应基层社会主要矛盾,建构和调整国家与社会成员关系的过程中,有效解决了中央政策在基层的贯彻与落实问题。国家治理的核心过程即中央政府决策一统性与地方政府执行灵活性间的动态关系。以地方(基层)对中央政策贯彻实施的程度以及效果为标准,目前的基层实践主要体现为博弈式实施与优化式实施两种形态。前者是在治理资源与规则仍不充分的情况下,地方(基层)采取"讨价还价"的方式部分地实施中央政策。后者则依托于充分的治理资源与规则,将中央政策的宗旨和要求与地方(基层)治理的现实需求有效联结,把宏观的中央政策优化为契合实际的、可操作的具体举措,从而实现中央层面与地方(基层)层面的双重目标。

纵观"枫桥经验"的发展历程,集中体现了基层对中央政策的优化式实施。在社会主义教育运动中,中央的政策是明确的。在社会治安、社会管理综合治理时期,"枫桥经验"表现为对中央政法工作一系列政策的优化式实施,不仅在全国率先成立综治工作中心等一系列相关机构,而且着力推进以"五大重点推进项目、六大综合提升工程"为主要内容的社会管理的典型模式,从而形成了"小事不出村,大事不出镇,矛盾不上交"以及"平安不出事,服务不缺位"的良好态势。

(三)国家总体秩序在基层的实现与维系

通过在基层建构和调整国家与社会成员的关系,优化实施国家政策,"枫桥经验"的根本目的在于在基层实现与维系国家总体秩序。改革开放之前,在全能主义国家与总体性社会情境中,国家以城镇中的单位和乡村中的公社为载体与中介,将社会成员高度组织到国家主导的集体体制当中,成为国家直接管理的对象,形成了"依附-服从"型关系,国家对社会成员表现出绝对的组织力、动员力、统摄力和控制力。国家总体秩序所整合的社会需求和个体行为本质上是单一的。改革开放之后,国家总体秩序的性质发生了根本性的改变。基层治理不再仅仅是国家对社会成员单向度的管控,而是在国家权威的主导下充分激发基层的活力,由国家权威和社会成员共同维护社会的稳定与和谐,促进经济社会的发展,满足每个社会成员共同的(基本)需求。

"枫桥经验"通过前述举措将国家基础性能力与基层秩序自生成能力两种

力量有机地整合起来，一方面将国家权威向基层渗透、贯穿，在实践层面表现为国家对基层的辐射力、组织力、动员力、控制力、矫正力，在观念层面表现为国家在基层凝聚治理共识的意识形态濡化能力；另一方面充分发挥基层社会成员生产、生活秩序的自组织、自生成、自平衡的内生性、自发性能力。

"枫桥经验"蕴含的基层治理实质内涵是在基层场域中构建和调整国家与社会成员的关系，优化实施中央政策，把复杂的社会需求及个别化的社会行为妥帖地整合到国家的总体秩序安排之中，既通过强化国家基础性能力以保证国家对基层的辐射力、组织力、动员力、控制力、矫正力及濡化力；又通过激活与培育基层秩序的自生能力以保持和发挥社会成员在基层治理中的创造性、自主性、互助性及自律性。

二、"枫桥经验"应对的基层治理现实困境

改革开放以后，中国基层治理面临的基层社会基本形态、主要矛盾以及现实需求都发生了重大变化。枫桥镇（以及诸暨市其他乡镇）改革开放以来的变迁可以作为中国基层社会变迁的一个缩影，在不同程度上体现了基层治理面临的现实困境与主要问题。

（一）国家控制力的减弱与社会成员行为的公共影响增强之间的矛盾

国家对基层社会成员的控制与动员是通过渗透在村落、单位等一个个结构性的共同体中，塑造基层社会成员日常互动的政治性与公共性来实现的。但是，随着基层成为弥散性的社会网络，结构性力量瓦解更替了，基层内生秩序生成机制消解，相应的能力遭到削弱甚至丧失，传统的国家控制与动员机制、方式失去了载体与依托。在基层社会成员日常互动的政治性、公共性淡化以及社会成员对基层政治的关注度不断降低的同时，其政治影响和公共影响则由于网络自媒体的广泛传播、特定社会阶层或群体的自我认同、具体社会事件的政治发酵等因素产生重大而广泛的影响（相较于过去的同类事件）。

同中国大部分地区一样，枫桥镇的宗族等传统力量所起的作用已经比较有限。村落的共同体本质遭遇了一定程度的消解，但是并未发生根本性的终结。公共性已经难以逆转地消解了，村庄政治已然鲜见。之前在村庄公共性、政治性中流转与消解的邻里矛盾、涉土矛盾以其他形式突破了村庄的边界；尤其是在法律等正式制度进入基层之后，使得此前乡村社会秩序下所容忍的私搭乱建等问题转化为新的社会矛盾；甚至许多矛盾已经不再依循"小事""大事"之分的逻辑。这些矛盾通过调解、执法、司法、信访等渠道涌入正式的矛盾化解

体系当中，对基层党政部门造成很大的压力。

（二）市场主导资源配置与市场秩序不完善之间的张力

在改革开放前，国家掌控着社会成员的生产生活资源，双方存在着极强的资源供给依存关系。发展至今，市场逐渐成为社会生产生活资源调节与配置的主导力量，社会成员多数社会行为可以在市场交易过程中进行，多数社会需求可以从中得到满足。从而在市场经济条件下，国家与社会成员间的资源供给依存关系减弱，社会成员对国家的依附弱化。但中国市场仍存在市场主体之间信息不对称、市场主体实际上并不平等、市场主体诚信度较低、市场监管失范等问题，市场主体之间的合理制约机制并未真正形成，市场的自平衡能力较弱，恰当的市场秩序远未形成，仍然需要政治、行政力量的介入。

改革开放之后，枫桥镇的市场经济虽起步较早，发展比较充分，但在乡土逻辑消解的同时，市场逻辑仍未发育成熟。近年来受产业性因素的影响，枫桥镇的大量纺织企业面临破产或组建，大量追索劳动报酬的纠纷发生；而且近两年，枫桥镇大力培育新兴产业，改造枫桥古镇，建设精品村，土地征用力度加大，集体经济权益纠纷增多。另外，随着"三改一拆""五水共治"等政府行为的推动，民告官的案件开始攀升。在社会经济动态发展的进程中，矛盾的数量始终处于高位运行状态。枫桥镇联合调解中心的数据显示，在传统的赡养纠纷、邻里纠纷依然存在的情况下，交通事故、工伤事故、意外伤害、劳资纠纷、民间借贷纠纷呈现显著上升趋势。

（三）维护社会稳定与满足发展需求形成的双重压力

基层治理不仅需要从消极面向上化解社会矛盾、维护社会稳定，还需要从积极面向上引导社会需求、提供公共服务。资源配置格局变化后，社会成员对政府的服从性降低，并且公权力和私权利的边界也越来越清楚，以私权利对抗公权力的意识越来越强，但以政府为指向的各种诉求并未减少，甚至还有增加的趋势。各社会阶层或群体向政府要生存生活的基本条件，向政府寻求利益的保护和利益扩张的满足，向政府寻求公共秩序，向政府要公平公正。与此同时，随着中国经济社会的发展，特别是2006年全面取消农业税费，终结了以农养工、以农养政时代，国家开始从向农村汲取资源转向向农村输入资源。满足基层社会成员的公共服务需求在基层党政工作中占据的比重越来越大。

枫桥镇在基层治理中面临着诸多社会矛盾，维护社会稳定的压力很大，与此同时，浙江省的城镇发展一体化程度较高，基层公共服务工作走在全国的前列，政务下沉到基层的力度也很大。在枫桥镇，村委会为村民代办的政务事项多达75件。同时，基层党政机关还需要严格执行美丽乡村建设等基层治理中心工作。可见，基层治理已不局限于矛盾纠纷化解等综合治理领域，而是涉及更为全局性且呈现为积极面向的基层社会稳定、发展领域的事务。

三、"枫桥经验"体现的基层治理内在机理

为了充分回应改革开放以来基层治理的现实需求，实现与维系国家总体秩序，"枫桥经验"主要依凭以下三个维度的耦合构建了一套行之有效的基层治理体系。

（一）国家权威主导下的多元基层治理体系的构建

立足于中国的治理实践，应当强化国家权威的主导地位，"系统治理、依法治理、源头治理、综合施策"，依托于自上而下的党政科层体制以及国家强制力去撬动、激活、培育社会力量达到治理目标。

1. 基层治理体系中的主导者与参与者

国家总体秩序在基层的实现与维系需要以国家权威为主导力量，辅之以社会成员及其相关组织的广泛参与。国家权威实际上是国家通过一套机构、制度化的安排操作以及形塑民众的观念和行为的能力。国家权威的拥有者是中国共产党与中央政府，基层党政机关则作为其在基层的代理人成为基层治理体系中的主导者。基层的有效治理必须充分发挥党总揽全局、协调各方的领导核心作用。"枫桥经验"历来把党政主导放在首位，在新的历史时期更是高度重视党建的引领作用。枫桥镇党委政府在各项工作中都处于统筹、领导的位置。与此同时，枫桥镇居民广泛而主动地参与到基层治理中。近年来，这种参与多以社会组织为载体。社会组织的发育以及逐渐发达是基层秩序自生成能力的一种体现，不仅是基层政府通过发展社会组织解决自身遇到的问题，以达到"借道"的效果，更重要的是社会成员组成的自发性社会组织被纳入基层治理体系当中，成为一股重要的力量，从根本上激活基层的活力，进而形成"共建、共治、共享"的基层治理新格局。

2. 自治与共治相结合

构建国家权威主导下的基层治理体系需要厘清中国基层群众自治与基层治理之间的关系。基层群众自治制度是尊重基层社会客观运行规律的制度建构与选择，一方面控制国家权力的无限渗透与蔓延，减弱国家权力对社会的直接控制和干预，另一方面也在国家权力无法覆盖的最基层场域为社会自我管理、自

我协调和自我发展保留空间。但国家权威始终是在场的，国家基础性能力与社会自我管理、自我发展的能力始终是衔接、联通的。同时，基层群众自治虽是基层秩序自生成、自平衡范畴的重要内容，但并非全部，企业、社团、社会组织、家庭、宗族等力量都是基层秩序生成与维系的重要力量。"枫桥经验"在基层群众自治的基础上构建了多元协同治理的共治体系：从自治上看，群众是主体；从治理上看，党政是主导，从而形成两股同向的力量。

3. 以法治为核心支撑

在依法治国的大背景下，唯有法治能够支撑起如此复杂的基层治理体系，保障该体系的稳定性与合理性。加强国家基础性能力需要依赖法治将国家权威限定在法律范围之内，防止权力的滥用。在激活与培育基层秩序自生成能力时，既为其筑起"防火墙"，又对社会力量予以有效规制。"枫桥经验"一方面将法治作为内核嵌入正式治理方式当中，对党政机关及其工作人员的治理行为依法规范；另一方面更注重在半正式治理方式中运用法治思维与法治方式。后者主要体现为由镇政府引导、监督乡规民约的制定与施行，纠正乡规民约中与法律法规相左的内容，逐渐将现代法治理念融入乡规民约当中，融入村民日常生活当中。

（二）社会主义核心价值观的统摄与濡化功能的发挥

观念层面的治理与制度层面的治理同样重要，针对社会成员，通过主流价值观的辐射和濡化，在社会层面形成一种兼具政治性、社会性、文化性的认知、情感、价值乃至信仰上的共识性取向。主流价值观的辐射力是指其所能够覆盖的广度，经由宣传媒介几乎可以覆盖所有社会成员；主流价值观的濡化力则在于其能够深入社会成员的内心，影响社会成员的观念和行为。

当代中国的主流价值观即社会主义核心价值观，它不仅是基层治理在观念层面的主要内容，而且还是基层治理本身的"意义系统"。"枫桥经验"在形成时期就充分体现了主流意识形态的濡化力。社会主义教育运动即一场全国性的政治教化运动，当时枫桥干部和群众开展"说理斗争"中的"理"便是彼时的主流意识形态。新时期"枫桥经验"延续了这种做法，将优秀传统文化和健康社会风尚统摄于社会主义核心价值观当中。

优秀传统文化作为涵养社会主义核心价值观的重要源泉，在枫桥镇得到了充分的传承与延续。枫桥所在的地区在悠久的历史中形成了健全的宗族组织，深受儒家伦理影响，耕读传家的传统一直延续至今。有研究将"枫桥经验"传承和发扬的优秀传统文化概括为"和谐观""礼治观"和"重义轻利"。这些观念塑造了当地人的性格以及做人做事的风格和方式。枫桥人在解决矛盾纠纷的时候，基本上选择平和的方式，倾向于理性地做出让步，在调解中相互妥协。

枫桥镇健康的社会风尚主要体现在两方面。一是在乡贤参与基层治理和经济社会建设中体现出来的回馈与奉献精神；二是在社会组织发展中体现出来的互助和志愿服务精神。在枫桥镇，为社会成员普遍认可的乡贤主要包括两类：一是在镇内或村内有威望、有德行、行善事的老干部、老教师、老党员等；二是在镇外有区域性乃至全国性影响力的政界、商界、学界精英。前者往往广泛参与社会矛盾化解等事务；后者则主要通过回乡投资的方式建设家乡。社会组织志愿者广泛参与社会治理的实践逐渐使枫桥镇形成了互帮互助、扶贫济困、热心公益的优良社会风气。

（三）稳定持续的利益调节与发展动力机制的培育

目前从经济的角度审视"枫桥经验"被绝大多数研究者忽略了。基层治理与经济发展的关系仅仅被界定为基层治理通过维护社会稳定为经济发展创造良好的社会和投资环境。实际上基层治理若要对经济发展有所助推，仅仅依靠政府低门槛甚至无门槛地为社会成员化解矛盾是足够的，更重要的是建立和完善以市场这只"看不见的手"主导的利益调节机制以及相应的政府主导的市场监督、管理和公共服务机制。而且两者是相互作用的，经济的稳健、持续发展是实现基层有效治理的坚实基础。在低成本的简约治理已经无法应对社会转型期如此复杂的基层局面的情况下，庞大科层体系的运行、信息化建设、社会成员广泛参与等均需要大量的资源投入。

枫桥镇所在的地区有悠久的商业历史和传统，人民生活富足。在20世纪八九十年代，枫桥镇的轻纺业已经非常发达，被称为中国名品衬衫之乡。但21世纪以来，受产业因素影响，枫桥镇的经济发展放缓。当地的一些干部和群众认为由于多年来过度强调"枫桥经验"是一种化解社会矛盾的经验而产生了一些消极效应：一方面当地政府为此长期投入大量的资源和精力而忽略了经济发展；另一方面在枫桥当地逐渐形成了一种浓厚的"好讼"氛围，社会成员在"小富即安"之后变得"好闹、好调处"，甚至"热衷上访"。近年来，枫桥镇党政机关逐渐认识到在市场经济条件下，多数矛盾的产生是由于在经济运行和发展中的利益冲突难以调和，因而需要构建和完善相应的利益调节机制；同时，高水平的治理必然建立在资源充足和经济社会持续发展的基础上，进而致力于从积极方面来发展"枫桥经验"，提出了枫桥经济与"枫桥经验"两轮驱动的战略。

四、"枫桥经验"作为基层治理典范模式的创新性实践

"枫桥经验"作为当代中国基层治理的典范模式，以前述内在机理为驱动，以解决基层治理的主要问题，把社会成员复杂的社会诉求、弥散的个人行为统摄在国家的总体秩序之中为目标，逐渐形成了一套卓有成效的基层治理体系，其中蕴含着内容丰富的创新性实践。具体而言，主要包括以下五方面。

（一）多层级党建引领机制的构建

中国共产党通过一套完备且有效的治理体系来协调、规制和整合中国这样超大规模的基层社会。在不同历史时期，"枫桥经验"始终把保证和强化党在基层治理中的核心作用作为首要任务来抓。近年来，"枫桥经验"以构建多层级的党建引领机制为中心工作，主要着力于三个层级。第一，强化党的一般性权威，即中国共产党作为执政党在规则与观念层面的元权威。第二，将基层党组织嵌入各个领域当中以撬动社会的全面改造，使整个社会以党的基层组织为核心点进行全面的调整、再造和组合。第三，强化党员身份的可识别性和可识别度。

多层级党建引领机制构建的关键在于通过构建一套依托党组织和党员的机制完成党的政策的解读、话语转换、传播以及最终落实。在组织方面，枫桥镇党委特别重视在社会组织和企业中培育基层党组织，成立中共枫桥镇社会组织总支委员会，按照应建尽建的原则，加大社会组织党组织组建力度，不断推进党的组织和工作在社会组织中实现全覆盖。在党员建设方面，一是保证党员的基数，以实现基层党员的结构化分布。经过多年的发展，党员占村民人数的比重保持在 6% 左右。这一比例能够保证在常规工作中做到党员对群众实施监督与协助的全覆盖。二是强化党员的身份识别，主要是在市镇重点工作和重大工程项目建设中，充分发挥党员的引领、联结作用。三是运用量化考核以及相应的惩戒退出机制激活党员。由此，党的治理力量得以实体化，有效解决了党组织和党员在基层治理中力量虚化、弱化、散化的问题。

（二）以效能为导向的基层行政体制机制的整合

面对"上面千条线、下面一根针"的行政常态以及日益多元化的社会需求，基层党政机关的治理能力长期陷入内卷化的困境。对此，"枫桥经验"以效能为导向，整合基层行政体制机制，进一步下沉行政执法力量，以达到强化国家基础性能力以及激活、培育基层秩序自生成能力的成效。具体内容主要包括以下三方面。首先，整合行政事务，将行政事务分为综治工作、市场监管、综合

执法和便民服务四大类，每一类下面又含括相应的主要内容。其次，根据业务整合、分片负责、组团执法的原则成立综合执法中心，其负责全镇违法建设、集镇秩序管理、环境保护、食品药品安全和工商管理的行政执法。最后，设立驻村指导中心，下设分中心，负责村务指导以及村级事务的协调、监督、管理，指导督促卫生保洁、五水共治、经济发展、村庄建设和刚性任务执行，组织建设以及服务管理等。

（三）内生性社会组织培育机制的创制

当代中国基层治理一直在"寻找"群众以及契合时代要求的群众路线，以达到发动群众、依靠群众的创造力和自主性，培养基层内生秩序的目的。以群众路线为核心的"枫桥经验"近年来逐渐创制和完善内生性社会组织培育机制，重塑基层公共性和群众主体性，在党政机关的引导、协助下，让社会成员自己组织起来满足自己的需求，实现社会自治。经过近几年的快速发展，诸暨市的群众性社会组织发达，数量多、覆盖广且颇具活力，其内生性主要体现在四个方面：其一，旨在解决本地基层治理中的特定现实问题，与基层党政机关的治理目标有着高度的契合性；其二，主要依仗与利用本地资源；其三，接受着政府机关的孵化与引导；其四，设有党组织或者有党员参加。

（四）法治化社会矛盾化解体系的完善

化解社会矛盾作为"枫桥经验"的主要内容，其体系、机制与方式一直随着当地社会经济情势以及矛盾、纠纷性质的变化而变化。在基层公共性消解、市场逻辑和伦理占据社会生活的主导位置的情况下，社会矛盾的基本属性已经发生了巨大的变化，许多矛盾不再是从村庄人际关系中生发出来的，具有脱域性，从而难以再依循"小事不出村、大事不出镇"的逻辑予以理解和应对；即便是发生在村庄中的诸如邻里纠纷、涉土纠纷、家庭纠纷等传统型纠纷，也难以再仅仅依靠传统的调解方式予以解决。

为充分回应社会情势以及社会矛盾形态的变化，"枫桥经验"运用法治思维与法治方式，对社会矛盾化解体系予以完善，主要包括以下创新性举措。首先，在"枫桥镇人民调解委员会"的基础上成立"枫桥镇联合调解中心"，将镇司法所、派出所、人民法庭、检察室等权力机关设置为成员单位，并设置"枫桥镇调解志愿者联合会"，由派出所、人民法庭向调解志愿者提供业务指导与培训，促进调解工作的规范化、法治化。其次，充分发挥人民法庭的作用。随着社会矛盾大量涌入法院，人民法庭参与基层治理的重要性和必要性日益凸显。枫桥镇人民法庭主要通过司法审判与人民调解有效衔接的方式在社会矛盾化解机制中发挥着日益重要的作用。最后，进一步联结调解、信访、执法、司法，整合化解矛盾的所有资源，形成贯通的矛盾化解体系。该体系秉持的是治理思维而非维稳思维，是回应逻辑而非推诿逻辑，从而使整个体系有效地运转起来，社会矛盾得以在其中流动、循环与消解。

（五）便民化公共服务体系的升级

在基层治理由消极面向转向积极面向的过程中，既要转型和升级公共服务体系，又要通过利益调节机制的合理运作从源头上化解矛盾，实现公共服务体系与矛盾化解体系的有效衔接。"枫桥经验"以高效且人性化的公共服务为行政管理提供坚实的依托，相应的创新性实践主要集中于两方面。第一，设置行政审批服务中心，整合审批和服务力量，推进"最多跑一次"改革，采取"一窗受理、内部流转"的方式，寓行政审批、管理于公共服务过程之中。第二，通过为外来流动人口提供公共服务的方式实现相应的管理。

"枫桥经验"在基层治理领域的创造性实践得到了中央决策层的肯定，其不仅是地方经验，同时也是浙江乃至全国的经验；不仅是历史经验和现实经验，同时也是面向未来的经验；并非一种局部性经验，而是当代中国基层治理的普遍性、系统性经验。在中国社会主要矛盾发生深刻转变以及国家治理体系和治理能力现代化的大背景下，中国国家治理处于定型化发展阶段，需要形成相对稳定的国家治理模式。在国家治理定型化过程中，基层定型化重塑是基础和难点，将"枫桥经验"作为典型示范加以总结与提升，则为推动中国新时期基层定型化重塑提供了重要契机。

第四节 国家治理格局下的社会治理和基层社会治理

中华人民共和国成立70多年来，在国家治理格局下进行了社会治理与基层社会治理的探索。在计划经济体制下，国家集中力量进行经济建设、稳定和建设政权，国家治理覆盖了社会治理。改革开放以来，经济体制的市场化改革激发了社会生产力，也导致了独立的社会力量的产生，社会治理成为必要。市场化、城市化衍生了以民生为主的社会矛盾和社会问题，新时期和新时代下政府通过建构新的社会治理格局，尝试将国家治理与社会治理结合起来，基层社会治理成为实现有效社会治理的基本领域，这也需要对多种社会治理方式进行整合。

国家治理和社会治理以及基层社会治理是整个国家（社会）治理的最重要的组成部分。中华人民共和国成立70多年来，我国的国家治理和社会治理经过了不同的历史阶段，也汲取了不同的经验和教训。如何在国家发展和治理的大形势下，有效地实施基层社会治理，是我国国家治理体系和治理能力现代化必须面对的问题。本节拟从国家治理与社会治理的关系或国家治理格局的角度，对我国 70 多年国家治理和社会治理的发展做一些分析，并对当下基层社会治理的发展做一些讨论。

一、我国国家治理与社会治理的历史点迹

基于我国的历史传统和现代国家治理体系的分析逻辑，在讨论国家治理和社会治理时必须对它们之间的关系做一些基本的阐释。治理的概念原属于政治学和公共管理的领域，按照学者们的说法，现代治理是相关利益各方在某一利益相关问题上通过博弈、协商和讨论而达成共识进而实现共同行动的活动。但是从中文的意义上来看，治理的概念则有其特殊意义。在西方社会，宏观的治理被认为是对国家与社会关系的一种处理方式。按照国家主义的观点，治理就是国家治理，即国家行使权力以规范社会的行动。如果按照社会中心论的说法，治理则是社会力量参与并对国家行为进行约束的行动。我国历史上也有过治理的概念，如荀子在其《君道》中说："名分职，序事业，材技官能，莫不治理，则公道达而私门塞矣，公义明而私事息矣。"这里的治理主要是指朝廷的治国之术，是指如何通过"治"（统治和管理）使社会运行有序。这一站在统治者角度看待治理的观点有深远的影响，以至"治乱盛衰"成为某些士人研究的中心内容，主要涉及的是国家治理和政府治理。在中国文化中，治理的核心在"治"，通过"治"达致社会秩序的条理化即"理"。

民国时期，随着西学东渐，国家治理、社会治理的研究有所发展，但是还没有系统地使用这些概念。如梁漱溟的"乡村建设""乡治""村治"，就是在国家治理之下讨论农村的基层治理问题。费孝通的"双规政治"是对国家治理与乡村社会治理关系的另一种概括。而杜赞奇的"文化、权力与国家"讨论"国家与乡村社会的重组"，是国家治理与社会治理研究的一个尝试。

中华人民共和国成立之后，中国共产党成为执政党，马上面临着如何治理国家的问题，其中包括政府治理和社会治理。前者指的是执政党用何种行政工具对国家事务和经济社会活动进行管理，后者则主要指对社会领域事务的管理。

中华人民共和国成立以后的较长时间内，我国并没有使用社会治理的概念，而更多地使用社会管理（具体来说是"管理社会"）的概念。毛泽东在七届二中全会上的讲话中说："我们不但善于破坏一个旧世界，我们还将善于建设一个新世界。"建设一个新世界的核心任务就是进行经济建设和管理国家。然而，

在国家与社会的概念和边界问题上,我们长期以来缺乏基本的界定和厘定。中华人民共和国成立之后,我国强调的是建立一个社会主义社会或社会主义国家,在这里国家与社会几乎是同义语。在确定国家走集体化道路、城市实行全民所有制和集体所有制进而形成了"单位体制",在农村实行集体所有制建立了人民公社制度后,政社不分、以政代社就成为国家治理的基本模式,现代意义上的与国家相对应的社会基本上不存在,社会治理也无从谈起。

改革开放以后,随着人民公社制度的废止和家庭联产承包责任制的实施,农村劳动者基本上走出了延续了20多年的集体管束;城市实行市场化改革,城市劳动者也有相当大部分走出单位制度的约束。与之相应的是,"社会人"大量出现,社会力量不断增强,社会领域逐渐形成。这种全社会的"去组织化"释放了人们的积极性,人们获得了较大的支配自己行动的自由,但是也出现了社会管理上的问题,社会活力和社会秩序之间存在着明显的张力。在这种情况下,中共中央在2004年召开的十六届四中全会的《中共中央关于加强党的执政能力建设的决议》中曾提出要"建立健全党委领导、政府负责、社会协同、公众参与的社会管理格局",社会管理作为一个重要政策概念被突出地提出,"加强基层社会管理和服务"也在"社会管理格局"之下被强调。

党的十八届三中全会提出了"国家治理体系和治理能力现代化""创新社会治理""创新社会治理体制"的战略任务,社会治理概念第一次在中央文件中被正式提出。党的十九大提出要"打造共建共治共享的社会治理格局",在阐述社会主义现代化国家建设第一阶段任务时,指出要使"现代社会治理格局基本形成,社会充满活力又和谐有序"。近几年来,中央从改善民生和加强党的执政基础建设的角度,重视基层社会治理问题。十九大修订的《中国共产党章程》第三十三条指出,街道、乡、镇党的基层委员会和村、社区党组织,领导本地区的工作和基层社会治理,支持和保证行政组织、经济组织和群众自治组织充分行使职权。这就把基层社会治理提到了党的基层建设和政治发展任务的高度。

2019年4月习近平总书记在对全国民政工作的重要指示中指出,要"聚焦脱贫攻坚、聚焦特殊群体、聚焦群众关切,更好履行基本民生保障、基层社会治理、基本社会服务等职责"。在这里,基层社会治理成为治国理政的重要组成部分。

二、国家治理、社会治理与基层社会治理的概念

在学术界,关于社会治理的研究相对较晚。虽然在中央"加强和创新社

治理"的政策号召下社会治理研究得到了一定的发展,但是基层社会治理方面的概念阐释和学理分析还比较薄弱。

　　社会治理和基层社会治理既是政策概念也是学术概念。这虽为这方面的研究创造了较好的氛围条件,但也为它们在政策实践和学术研究中概念及其边界的认识不同甚至比较模糊而给研究带来困难。具体地说,社会治理指的是什么?是相对于国家治理对全社会的治理还是指对作为与经济领域相对应的、较具体的人们活动的社会领域的治理?与此相应,基层社会治理是对基层的包括经济、政治、文化、社会以及生态领域问题的全方位的治理,还是对基层的社会领域问题的治理?这里实际上包括了不同的含义:前者基本上指的是国家治理,是指政府(执政者)的治理国家。正像马克斯·韦伯在论述国家职能时所说:"国家是声称对一定的领土及该领土之上的人民拥有控制权的强制性团体"。这里"控制"的主要内容就是管理,当然也包括国家向其国民提供保护和服务。后者是在"国家与社会"关系意义上的、对社会力量活动的治理,是对社会领域问题(或者主要是对民生相关问题)的治理。显然,这两个方面有时是紧密地联系在一起的。作为后者,一个各方都公认的含义是,社会治理不只是政府的权力和职能,治理主体也包含社会力量和基本民众,它是多方面对社会领域公共问题的共同管理。

　　中华人民共和国成立70多年来,我国对社会的管理基本上用的是国家管理、对全社会进行管理的概念。近些年来,在"国家治理体系和治理能力现代化"的思路下,才有了国家治理、社会治理、基层社会治理的概念。国家治理也即对全社会的治理(或称全社会治理),指的是由执政党和政府对国家的经济、政治、社会、文化等领域问题的管理,在范围上相当于传统的国家管理的概念。社会治理是政府和社会力量对社会领域问题的管控与处理,治理主体不局限于政府,还有社会力量和民众,治理空间(或解决的问题)是社会领域。基层社会治理作为一个实践中的、局部的政策性概念和社会实践,应该被理解为对国家基层的治理,而不是对基层社会的治理,因为从国家与社会关系的角度看,社会是不存在上层和基层之分的。基层社会治理指的是对基层的社会领域中公共问题的管控和处理,它既是对国家基层进行社会治理,也是在基层进行社会治理。在我国当下的社会治理实践中,对基层社会治理又有两个方面的理解和实践:一是政法部门的理解,主要着眼于对较严重的、有可能影响社会秩序及社会稳定问题的管控;二是民政部门的理解,主要是基于基层政权建设和对各类民生问题而进行的管理和处理。说得通俗一点,政法部门的基层社会治理较明显地带有"硬权力"的含义,相比而言,民政部门的基层社会治理则较多带有"软权力"甚至是参与性的含义。

按照我国政权建设的架构,国家的基层指的是县区以下,包括乡镇和村庄、城市区(街道)及社区。这样,基层社会治理就是指对县区以下社会领域问题的治理,这里既包括政法系统理解的社会治理,也包括民政系统理解的社会治理。其治理主体包括县区、乡镇政府及政府的派出机构、政法部门,还包括城乡基层自治组织、社会组织和居民等社会力量。

三、国家治理格局下的社会治理

(一)国家治理格局的含义

在研究社会治理和基层社会治理时,必须弄清楚它们运行的宏观指导框架——国家治理格局。格局是指某一领域中的重大结构关系,如国际关系格局、国家经济社会发展的总格局、社会治理格局等。笔者曾经分析过社会治理格局的内涵,分析了其内在的结构性关系。国家治理也有其格局,它指的是在国家治理中各重要组成部分之间的结构关系,这种结构关系的处理会影响整个国家的治理。例如,如何处理经济发展与社会发展的关系、如何处理城乡关系、如何处理权力集中和民主参与的关系等,对这些关系的摆布都会直接而强烈地影响国家的经济发展及其社会稳定。国家权力的掌握者必须依据其治国理念对这些重大关系做出合适的安排,排出轻重缓急,并付诸实践,这就是国家治理格局。从这种观点来说,社会治理是从属于国家治理格局的。十九大在改善民生、解决社会矛盾和社会问题方面,提出要完善"党委领导、政府负责、社会协同、公众参与、法治保障的社会治理体制",这也明确指出社会治理是从属于国家治理的。

在我国,国家治理是一个"上位"概念,即国家治理的目标、理念和方略制约甚至决定着社会治理、基层社会治理的形式和内容。实际上,在任何国家,基于国家利益的国家治理都是至上的,即国家治理的地位高于社会治理,也高于地方的基层治理。这是因为,国家作为"一定领土上"的合法的权力拥有者和执行者,有代表其国民处理重大国家事务的责任和权力。国家权力至上使作为其"组成部分"的社会治理和基层社会治理需服从国家利益,采取国家利益允许的治理方式。

(二)改革开放之前的国家治理与社会治理

中华人民共和国成立以后,走社会主义道路是中国共产党和人民的共同选择。在一个以农业为基础的、贫穷的国家建设社会主义工业国，没有高度集中的经济制度、政治制度是很难成功的，这是特定形势下的"国家自主性"。加上当时比较恶劣的国际环境，中国采取了高度集中的计划经济体制，执政党几乎将所有经济资源、社会资源掌握在自己手中，并对有可能危及高度集中体制的力量进行限制、收编或消除，这就是高度集中的国家治理体制下的集权体制，有学者称为"管制型的国家治理"。

中华人民共和国成立后，执政党开始对社会力量进行吸纳，到农村人民公社制度的建立和城市单位体制的形成，中央高度集权的国家治理模式基本成型，与之相对应社会力量基本上归于服从或被替代，这就是体制上的党政不分、政企不分、政社不分，国家力量"一竿子插到底"，建立从中央到基层的群众组织（如青年组织、妇女组织），作为新社会的积极的建设力量，同时实现对社会进行几乎全面的控制，社会力量也自觉地按照国家的要求进行自我治理。

华尔德在研究我国计划经济体制下的国家与社会的关系时，使用了"共产党社会的新传统主义"的说法，认为中国共产党形成了一个自我"庇护"的群体，并维持对社会的管理。实际上，华尔德的概括不完全符合事实。在当时的经济制度、政治制度、社会背景和意识形态氛围中，在恶劣的国际环境下，中国的普通居民并不是完全被动地、不情愿地服从于国家治理，而是那种国家治理也具有一定的社会合法性。当然，今天我们可以说，那是新生政权对社会力量进行统管、中国的社会不发育的结果。然而就当时的经济、政治和社会状况来说，社会不发育和对于国家治理至上的承认是具有时代和时局原因的。这里不是简单的因果关系，而是在集权式国家治理与社会不发育（或社会被治理）之间有比较复杂的相互关系。在这种治理（更恰当地应该被称为强制性的管理）格局下，中华人民共和国成立之初经济得到了迅速恢复，随后也逐步建立起了比较完备的工业体系；然而，随着国家建设在更大范围和更多层面的展开，这种集权式国家治理也形成了压制社会活力的弊病。社会力量被窒息，在长期处于经济困难的情况下，人们的生产积极性难以持续，这也使得高度集权的国家治理体制开始走向反面。

这一时期的基层社会治理是由作为政府系统末梢的基层政府与准行政力量具体实现的。由于自上而下的党政系统、群团组织系统十分完备，各类组织网络密集并覆盖到城乡社会的各个领域和角落，所以，在中央或上级的指令下，基层政府、群团组织、准行政力量会协同一致地解决社会领域中的各种问题。

概括起来可以说，中华人民共和国成立之后到20世纪70年代末，国家治理与社会治理的关系基本上呈现如下特点：第一，国家利益至上的集权式国家治理处于绝对重要的主导地位；第二，国家经济建设和政权稳定的优先性使社会力量被吸纳、被统管，社会治理被漠视；第三，与经济建设、政权建设相对应的社会领域的治理（社会治理）处于被支配地位，甚至是被国家治理替代；第四，国家依靠对经济资源和权力资源的垄断以及发达的政权体系、群团组织、准行政力量进行基层社会治理。

这种高度集权的国家治理和对社会的强制性管理是与新政权建立和集全国之力发展工业的时代任务以及回应严峻的国际环境的压力相适应的。这种治理格局带来了整个社会治理的较高效率，但也形成社会活力不足、城乡居民的社会生活质量不高的问题。这些结构性、制度性问题与建设社会主义现代化国家的总目标是有偏离的。随着国家发展目标的再校正，国家治理和社会治理的方式也需要发生相应的改变。

四、改革开放以来我国的国家治理、社会治理与基层社会治理

（一）市场化改革中我国的经济社会情势与国家治理格局

面对我国经济长期落后、城乡居民物质文化生活水平较低以及国家政治生活领域存在的严重问题，党的十一届三中全会启动了经济体制改革，并延伸到国家管理体制改革。经济体制改革以来的国家治理方略是把工作重点转移到社会主义现代化建设上来，大幅度地提高生产力，多方面地改变同生产力发展不相适应的生产关系和上层建筑，改变一切不适应的管理方式、活动方式和思想方式，同时要保障社会秩序的稳定。这些都直接影响了社会治理和基层社会治理。

经济体制改革是从农村开始的，这一以实行家庭联产承包责任制为基本内容的改革，看起来是经济领域的改革，实际上其对社会领域、对农村基层社会的组织形式和管理带来了重大影响。与实行家庭联产承包责任制同时进行的是废除实行了 20 多年的"大一统"的人民公社制度。农民及其家庭获得了经营自主权，乡镇集体经济普遍衰落，这些大大削弱了集体与农民的联系。农民的家庭经营、日益增加的农民进城务工经商、私营经济的发展、国家的开放政策和市场化改革，使社会中产生了越来越多的自由流动资源和越来越大的自由流动空间。另外，20 世纪 90 年代开启的国有企业和集体企业改革，在提高生产效率的同时，也伴生了规模不小的、被企业抛向社会的"40～50 人员"。接下来的是城镇劳动力的自由流动，还有日渐壮大的大大小小的私营企业主及其

雇佣者。这就形成了规模庞大、成分复杂的"社会人"群体。

从高度集中、组织系统、管理严密的计划经济体制向市场经济体制过渡，对于国家治理来说是一个重大挑战，其中最复杂的是对社会领域的治理。

现代国家是由政府、市场（企业）和社会组成的体系。廉洁有效、为民服务的政府，高效率和规范的市场（现代企业），充满活力和有序的社会力量，三者既有分工又互相合作的体制制度，是建设社会主义现代化国家所必需的。改革开放以来，我国的社会力量出现了，而且其规模在不断扩大。但是，我国社会力量的组织程度却很低，社会基本上处于弱组织或无组织状态，这主要表现为：因为各种原因主动或被迫走出原来的单位组织而成为体制外的人员（如原来的"40～50人员"）不再受原来的单位组织的约束和管理，而成为分散的社会成员，被认为是"被抛弃的一群"；大量农村劳动力，不管是在农村务农者还是流动于城乡之间的进城务工者都基本不受严整的社会组织的管理，而处于游离状态；市场化改革之后出现的各种无业人员、自主就业人员几乎与仅存的组织都没有隶属关系。

改革开放以来，我国社会领域的问题在不断增加和复杂化。社会领域的问题既可以从人们活动领域的角度划分，如各种公共事件、社会建设领域存在的问题等；也可以从社会问题的成因和涉及人群的角度划分，如因为征地拆迁、企业倒闭、城镇建设而产生的社会性问题。这些问题可能产生于政府、企业和社会群体的利益关系的失调；也有一些问题产生于社会成员之间关系的不协调。

体制外的社会成员是没有"单位"的人员，他们大多数生活于社会基层，遇到的社会性问题也不能用组织的规则来解决。在"去组织化"的大背景下，政府已不能靠以往的自上而下的、行政化和带有行政性的纵向系统解决基层社会中的问题。在这种情况下，社会领域需要治理，基层的社会领域需要治理，国家治理与社会治理的关系被现实地提上议事日程。中国共产党十六届六中全会做出的《中共中央关于构建社会主义和谐社会若干重大问题的决定》指出，要"实现政府行政管理和社区自我管理有效衔接、政府依法行政和居民依法自治良性互动"，就是从社区层面加强社会治理或基层社会治理的尝试。这里的设计是理想的，但是实施起来却遇到很多困难，主要是政府行政管理与社区自我管理的衔接并不那么有效。其深层原因是社区自治组织处于"边际"状态，要处理的某些问题已超出了他们的能力，如因征地拆迁、企业倒闭、城镇建设而产生的比较复杂的社会性问题。另外，城镇社区（农村行政村）负责人在处理与居民的关系上也存在能力不足：基层自治组织既不能像单位体制那样对其成员进行严格管理，又不能通过向居民提供福利对其进行有效保障，进而使其产生"认同性依附",在这种情况下,基层社会治理的任务就变得十分艰巨。

(二)新时期我国社会治理和基层社会治理的背景与政策安排

进入21世纪,以加入世界贸易组织为契机,我国的经济进一步融入世界经济体系,也使我国的市场化、城市化、信息化、国际化进程加速加深。经济增长速度加快,国家经济实力增强,城乡人民生活得到了明显改善。但是,在经济快速增长过程中,民生领域的社会问题也不断积累,我国进入新的发展阶段。2004年中国共产党十六届四中全会做出的《中共中央关于加强党的执政能力建设的决定》提出"发展作为党执政兴国的第一要务",同时提出"坚持以人为本、全面协调可持续的科学发展观",经济发展与社会发展的关系被赋予更丰富的含义,民生问题在更高层次上被强调,解决改革和转型中的社会问题被突出地提了出来。"坚持党的领导、科学发展、以人为本"可以看作这一时期的治国理念,而"建立健全党委领导、政府负责、社会协同、公众参与的社会管理格局"的首次提出,反映了中央在社会管理上的新思维,这就是重视社会力量和民众参与。在中国共产党十六届六中全会通过的《中共中央关于构建社会主义和谐社会若干重大问题的决定》中,加强社会建设作为重要的治国方略被提出,该决定对社会建设的目标、政策、内容和方法做了系统论述和安排,重视党领导下的政社协同、重视基层社会治理。实际上这已经形成了社会治理格局的雏形,但在概念上依然用的是社会管理。有学者认为,中国政府的应对努力展现了"从政府管理到社会治理"的清晰轨迹。

2008年美国的金融危机对中国经济造成不利影响,中国经济结构也需要新的调整,这就是习近平总书记2014年所说的我国经济发展进入"新常态"。"新常态"的基本特征是,中国经济必然从高速增长转向中高速增长,从结构不合理转向结构优化,从要素投入驱动转向创新驱动,从隐含风险转向面临多种挑战。"新常态"对经济发展带来新机会和新挑战,产业结构优化和新动能会给我国经济的持续发展注入新的活力和国际竞争力,但是这也可引发失业方面的问题,于是维稳和维权及其相互关系问题再次被提上议事日程。实际上,党的十八大特别是十八届三中全会、十九大以来,中央的治国理政思想更加系统、缜密。加强党的领导、促进经济高质量发展、以人民为中心、改善民生、预防和化解社会矛盾、促进国家治理体系和治理能力现代化,已成为国家治理的核心内容。社会结构的分化、就业和民生保障方面的问题,促使政府必须补民生之短板,切实解决人民最关心最直接最现实的利益问题,保障群众基本生活,促进社会公平正义,形成有效的社会治理。另外,坚持依法治国,预防和化解社会矛盾，推动社会治理重心向基层下移，实现政府治理和社会调节、居民自治良性互动，成为从维护社会稳定的角度进行国家治理的重要选择。这样，改善民生和维持社会稳定就成为社会治理的两个既有区别又有联系的侧面，而社会治理中心下沉、基层社会治理加强就更加直接和密切地将两种治理联系在一起。

（三）走向新时代的社会治理与基层社会治理

党的十九大指出，中国特色社会主义进入新时代，我国社会主要矛盾已经转化为人民日益增长的美好生活需要和不平衡不充分的发展之间的矛盾。坚持党的领导和群众路线，以人民为中心，在新发展理念指导下高质量发展经济，保障和改善民生，实现共建共治共享的社会治理等，是新时代坚持和发展中国特色社会主义的基本方略。在这种治国理念下，社会治理特别是基层社会治理就显得尤其重要。

基层社会治理与宏观社会治理的区别在于前者的基础性，基层社会治理更接近群众的经济活动和社会生活，更接近人们现实的活动。然而由于基层的"去组织化"程度更严重，经济、社会、文化的交织性更高，因此基层社会治理也就变得更加复杂。如何在人民群众的需要不断提高、经济增长速度放缓、改革和转型带来的社会问题更加复杂且可能对基层民众产生不利影响的情况下，进行有效的社会治理，是需要认真考虑的。党中央根据对国情社情的总体把握，对基层社会治理提出了一些基本原则。《中共中央国务院关于加强和完善城乡社区治理的意见》指出，要以基层党组织建设为关键、政府治理为主导、居民需求为导向、改革创新为动力，健全体系、整合资源、增强能力，完善城乡社区治理体制。《中共中央国务院关于实施乡村振兴战略的意见》指出，乡村振兴、治理有效是基础。要建立健全党委领导、政府负责、社会协同、公众参与、法治保障的现代乡村社会治理体制，坚持自治、法治、德治相结合，确保乡村社会充满活力、和谐有序。我们看到，基层社会治理的基本框架模式已经形成，问题是怎样有效地实现目标。

社会治理和基层社会治理都是系统工程，它涉及经济、政治、社会、文化等诸多方面，但是它们集中表现于人民生活。人民安居乐业，国家治理和社会治理就是顺势；各类问题丛生且难以解决，就给国家治理和社会治理带来挑战。当下，在改革开放40年取得伟大成就的基础上，如何面对积累下来的问题并进行妥善处理，在新的发展中给人们带来新的希望，就是国家治理与社会治理之关键。从基层来看，要使人民群众有获得与获得感，这种获得与获得感不但是经济的，也是政治的和社会性的。要重视人民群众特别是边缘群体物质生活的改善和生活质量的提高；要重视人民群众的主体地位，使之有效地参与社会治理；要在平安社会建设上取得重要进展，一方面要依法打击违法犯罪活动，另一方面要与人为善地解决边缘群体的问题；要善于将服务和管理很好地结合起来，形成良好的社会氛围。在这方面，增强基层政府的能力十分关键，加强对城乡居民的公民教育也十分重要。

社会治理和基层社会治理是要解决社会矛盾与社会问题的，在国家治理的总思路下如何进行社会治理特别是基层社会治理。《中共中央国务院关于实施乡村振兴战略的意见》指出，要"健全党组织领导下的自治、法治、德治相结合的乡村治理体系，建设充满活力、和谐有序的乡村社会"，实际上这也适用于城市基层社会治理。笔者曾经提出四种类型的社会治理，即管控型社会治理、博弈式社会治理、协商式社会治理和服务型社会治理。管控型社会治理是运用强制力量，对危害社会秩序行为的治理。博弈式社会治理是相关利益各方通过博弈，达成一定共识，形成某种秩序的活动。协商式社会治理是参与者通过协商达成某种一致意见并一起行动的过程。服务型社会治理是通过实施公共服务或社会服务，对利益受损者和困难群体进行帮助与救济，预防和减少社会问题的治理方式。在基层社会治理中，依法行使的管控型社会治理对于维持基本的社会秩序是必要的；博弈式社会治理是有益的；协商式社会治理和服务型社会治理具有很大的发挥作用的空间，因为在基层有许多民事纠纷、社区建设和基本社会服务方面的问题要解决，应该更多地采用协商参与、救助和服务的方式来解决。这不但能预防、解决矛盾和问题，而且能够改善官民关系、促进居民发展与社会和谐。以上四种社会治理方式既有区分，也相互通融。基层社会治理应该处理好它们之间的关系，进行整合，促进基层的系统治理、依法治理、综合治理和源头治理。这符合国家治理的总体目标和新时代发展的长远目标。

第二章　当代中国基层治理理论研究

第一节　当代中国基层社区治理创新

自 20 世纪 80 年代以来，伴随着社区治理理念的回归，社会建设运动的倡导，以及实现国家治理体系和治理能力现代化的迫切要求，将基层社区治理创新提到了新的高度。尤其是在现代社会转型导致了"单位人"向"社会人"、"固态人"向"流动人"、"熟人社会"向"陌生人社会"的转变大背景下，公共利益诉求呈现多元化的趋势加强，如何构建科学有效的现代化基层社区治理体制机制等，已成为务实界和学术界的共同议题。它不仅关系着基层社区的稳定与和谐，还关系着国家治理体系和治理能力的现代化建设与实现。

一、基层社区治理创新研究的进路及趋势

基层社区治理作为国家治理的基础，不仅是国家和社会治理的中介，也是学界研究社区治理的前沿阵地。我国基层社区治理创新研究发轫于 20 世纪 80 年代，至今已取得了巨大的成绩，但也急需"权变"性、因地制宜地跟上时代变化的环境和基层社区治理需要。然而要实现这种目的，就离不开研究进路的转变及拓展。目前，学界涉及的基层社区治理创新研究的进路大致涵盖了主流性研究范式的演变、制度逻辑和话语体系的转变、中国本位的经验研究三个方面，三者共同推进了我国基层社会治理及治理研究的进程。

（一）基层社区治理研究的主流范式演变：国家－社会－市场关系

国家、社会关系自 20 世纪 90 年代引入中国以来，一直居于基层社会治理研究的主流范式，其为学界提供了一个科学的分析框架，为基层社区治理实践

提供了基本关系建构。但鉴于社会主义市场经济制度的确立和蓬勃发展，市场主体也被嵌入国家与社会的框架之中，因此，国家与社会关系逐渐演变为国家、社会和市场三者关系的研究范式来解释和推进基层社区治理研究。

其一，国家与社会关系的分析范式在基层社区治理中的运用及深化。在基层社区治理场域，"单位制"转变为"街区制"之后，直接使"管控型"的"二元"国家与社会关系转变为国家与社会关系的重构——共存、融合、互动。例如，徐丙奎、李佩宁发现20世纪90年代以来国家-社会范式是构成近年来中国社区研究的一条主线，社区空间-行动者、社区权力与治理等研究均离不开这条主线，只不过是对其进一步的细致化、微观化、深入化或者技术化罢了。杜玉华等同样认为，国家和社会关系一直占据着学界的核心地位，并且成为观察和解释中国基层社会变迁的主流研究范式，甚至作为一种政策选择引领着基层社会治理的实践。而谢金林将城市基层权力置于国家-社会关系的宏观框架中，通过国家-社会关系的变化、城市基层权力体系建构两个相互联系、相互促进的过程考察社区治理变迁与发展，他认为这对未来城市社区治理模式具有很大的前瞻性，是十分必要的。朱仁显、邬文英也从国家与社会的关系视角出发，认为转型期我国基层社区治理呼吁创新，政府与居民合作共治的复合治理模式才是大势所趋。以上都很好地体现了国家与社会范式在基层社区治理研究中的运用。

其二，随着研究和创新实践的深入，以及社会主义市场经济体系的确立和完善，市场嵌入社区治理也进入研究者的视野，形成了国家、社会和市场关系范式。国家与社会关系中的社会是一种利益共同体，即是狭义的社会，又包括市场。同时，不容忽视的是国家和市场关系的失灵和困境，也要求探索更加符合治理本质的范式运用。因此，无论是国家—社会关系，还是国家—社会—市场关系，我国基层社区治理创新的新路径都将走向"强政府—强社会"模式的构建，以此打破传统的"强国家—弱社会""弱国家—强社会"的研究范式。

其三，国家与社会关系范式运用并不是完全没有弊端或不足之处。如徐选国认为该范式倾向于从宏观结构层面分析国家、社会元素在社区治理场域中的二元（张力）逻辑，因而忽视了社区的本质意蕴，从而缺乏对社区治理的深层次分析。与此同时，侯立文认为国家与社会的范式在成为社会科学领域中的主导性分析范式之际，其运用也滞后于社会的变迁实际抑或是缺乏了对范式的反身性对话，必然遭遇"范式的神话"与"范式的固化"，造成范式的"无意识运用"，无益于范式的进一步更新与发展。这些不足或缺陷都应该是研究者应该注意的问题，也只有在避免以上问题的基础上，才能更科学、更合理地运用国家与社会范式。

（二）基层社区治理的制度逻辑和话语体系转变：社会管理、社会建设、社会营造

基层社区治理属于社会治理的范畴，社会治理的制度逻辑和话语体系转变也引发了基层社区治理的制度逻辑和话语体系的转变。转变了的制度逻辑和话语体系已不仅仅强调管控型社区管理，更趋向于社会管理、社会建设、社会再造的融合。社会管理和社会建设有广义和狭义之分，并且两者是相互联系的。广义的社会管理和社会建设指整个社会的建设和管理，即包括政治子系统、经济子系统、思想文化子系统和社会生活子系统在内的整个社会大系统的建设和管理；狭义的社会管理和社会建设，则着重指与政治、经济、思想文化各子系统并列的社会子系统的建设和管理。如杨敏、杨玉宏认为，当前我国基层社区治理创新的新趋势也主要是面向社会管理和社会建设，只不过正在寻求社会管理和社会建设的创新与突破，也即寻求服务－治理－管理的新型关系。但社会管理和社会建设何者应该被重点强调，一些学者对两者谁处于"上位"也进行了诸多讨论。如在基层社会管理创新研讨会上，徐永祥指出社会管理和社会建设两个概念有颠倒的趋势，社会管理似乎成了"上位"概念，而社会建设却成了"下位"概念。因此，有学者认为要更加重视或加强社会建设，转变社会管理方式。如徐晓军也认同迈向社会建设主导的社会治理是当前中国社会建设的现实选择。

此外，由于我国基层社区治理逐渐被提到国家治理体系和治理能力完善的高度上，其也出现了新的提法。如张雷认为，我国城市社区居民自治制度建设已经基本完成，在面临一系列新情况、新问题和新探索的基础上，从社区管理和社区建设向社区治理转变就成了大势所趋，并应着手建立和完善基于社区治理理念的居民自治新体系。这一系列的治理理念、治理制度逻辑、话语权等的转变都适应和回应了我国基层社区治理的需求，对基层社区治理具有重要的现实意义和理论价值。

（三）基层社区治理研究趋向于讲"中国故事"：中国本位的经验研究

中国本位的经验研究必须深入中国实践，在实践中发现新问题、提出新概念、构建新理论，并将理论运用到实践中进行检验，经过检验、理论、实践的多次反复，逐渐形成具有中国特色的话语体系，形成自己的特色和优势。对于我国基层社区治理研究，也必须立足于中国实践，发现新问题、提出新概念、构建新理论，从而形成具有中国特色的基层社区治理话语体系，讲好"中国故事"。与之相对应的是，我国社区治理实践领域持续探索创新了武汉模式、铜陵模式、成都模式、沈阳模式、青岛模式、北京模式等具有中国特色的社区治理模板，为学界提供了诸多鲜活经验研究基础。例如，曹志刚基于武汉市千里马社区治理模式探析了多重逻辑下的社区变迁。孙秀艳基于福州市鼓楼区的实践分析，指出了城市社区创新的启示。康培培、韩斌曦通过对常德市武陵区基层治理创新的调研，考察了网格化党建统领社区治理创新。张润峰、胡伟以上海曲阳"全岗通"模式为例，提出了城市社区治理的创新发展方向是无缝隙治理等。中国基层社区治理的本位经验研究远远超过了本节所列举，可以说这一研究趋势已经成为我国基层社区治理研究的主要方面。

学界对我国基层社区治理创新研究的进路适应和转变，既表明基层社区治理的复杂性，也反映了学者对这一领域研究方法的不断深入和改进。学界只有在研究范式的改进和适应下，依据治理实践，并从中汲取营养，才能探求和推进中国基层社区治理研究，也才能在此基础上完善和建立具有中国话语权的治理理论。为此，学界也必须在研究范式演化进步的同时，按照时代发展脉络，致力于讲好"中国故事"，在推进中国本位的经验研究的基层社区治理的个案研究之际，也要升华和走出个案，迈向"扩展个案研究"。

二、基层社区治理体制的创新

基层社区治理体制的创新源自基层社会治理的需要，也来自国家治理的推动。学界和有关部门在回应这一现实问题时，做出了诸多的研究和实践。在此背景下，基层社区治理以寻求社会资本的参与、多元共同主义、协同治理、上下联动、左右互动等良性治理为指向，创新了许多治理模式和治理体制。根据已有研究，笔者整合归纳了具有代表性的三种社区治理体制：社会资本视域下的基层社区治理体制、基层社区多元主体协同治理模式、党政主导下的基层社区治理模式。

（一）社会资本视域下的基层社区治理体制探索

自20世纪90年代以来，社会资本得到政治学、社会学、管理学、经济学等多学科领域的关注和运用，社区治理场域也顺应潮流利用社会资本来解释和应对基层社区治理的"失灵困境"。社会资本是指社区居民之间普遍的信任、互惠的规范和通过社区组织所建立起来的致密的社会参与网络，包含社会资本的认同感、人际信任、平等交换规范和公民参与网络。这些社会资本既是社区治理的基础，也是实现社区发展和社会和谐的社会资源。社会资本运用到基层社区治理的微观场域，得到了学界较大认可。正如黎博雅认为，基层党组利用社会资本进行城市社区治理具有重大的可行性和契合性。同时，社会资本视域下的基层社区治理有助于提升社区自组织能力、促进社区活力和凝聚力、弥补国家和市场在资源配置中的失灵现象、促进社会整合等。据此，燕继荣依据制度主义学说和社会资本理论，认为要让"政府主导"之下产生的社区治理创新持续下去，就要培养和制造社区成员对该制度的需求，而致力于"熟人社会"建设、促进社区自组织发展、加强社区成员交往和信任、提高社区成员集体行动能力的社会资本投资是增强社区治理创新制度依赖性的有效途径。而程秀英、孙柏瑛与燕继荣不同，其强调社会资本可建构性的角度而不是路径依赖的历史决定论，认为政府在建构社会资本上具有核心作用，强健而复杂的公共制度可以通过权力的"去中心化"来帮助形成地方的社会资本，反过来社会的发展也可以帮助实现政府的回应性。总之，将社会资本理论引入基层社会治理体制创新，顺应了政治学和管理学的发展趋势，为多元协同、复合性社区治理的形成提供了基础。

（二）基层社区多元主体协同治理模式探索

基层社会多元协同治理模式受到热烈追捧之余，如"协商治理""联动治理""合作治理""嵌入式治理""协同治理""复合性治理"等也大量充斥在学界和政界的视野里。归根结底，这些治理理念和指引的落脚点是多元主体良性参与社区治理，以实现"善治"的目标。只是由于社区场域、经济发展程度、社区组织结构现状等一系列的区别，基层社会多元主义协同治理模式也出现了趋向于中国社区治理本位经验的差异化研究。而有关这一大类的治理模式探索已有很多，在此，笔者只是拣选其中具有代表性的观点进行综述。

从理论层面看，姜雷总结了学界关于社区自治模式的研究，总的来说有三种基本的社区治理模式：政府主导的社区治理、政府推动下的社区治理、社区自治，而三种模式的理论根据和实践条件也有所差异。多元治理为城市社区治理提出了不同于官僚制行政理论的治理逻辑，突破单中心的政府管理模式，有助于构建政府、社区和社会三维框架下的多中心治理模式。

从个案研究来看，杨丽等对北京市朝阳区在党政群共商共治工程考察的基础上，认为在基层党组织带领下，创造性地开展社区"居民提案"活动，引入专业社会组织技术指导，挖掘和培养社区自治带头人，从而探索出"协商式"

基层社会治理新模式，实现社区内外互动、良性循环。同春芬、李雅丹基于青岛阜新路街道的实践经验，提出了"一源头五平台"的多元互动治理模式。李迎生等以北京市某老旧社区实践探索经验为例，探讨了自治与共治相结合的"1+1+N"模式。李德、于洪生认为，上海市徐汇区长桥街道积极推进"无缝隙"社区治理模式，很好地解决了服务群众"最后一公里"的难题。范志海等以上海三林世博家园社区为例，对大型居住社区治理模式进行了初探，提出了"居民自治、社区共治、社会公治"融为一体的社区复合治理模式。刘家用考察了武汉百步亭社区治理创新经验，探索了"党的领导、政府服务、居民自治、市场运作"的社区运行机制。无论是从理论来看，还是从个案研究来看，正如林闽钢等认为的一样，我国行政主导型的社区、多元共治型社区呈现的结果都相对较少，而多元共治作为我国社区治理的发展趋势必须加强。

（三）党政主导下的基层社区治理模式探索

透析社会资本视域下的基层社区治理和多元主导下的协同治理模式的研究，会发现相关治理主体之间也可能存有利益博弈、权力冲突、"嵌入型悬浮"等问题，这就有赖于"一元治理"理论和党政主导的多元社区治理理论。如孙萍直接指出中国基层社区治理路径就是党政主导下的多元共治模式，这既反映了治理理论的政策意蕴，也顺应了社区治理的中国情景。伍玉振认为基层党组织作为社区公共权力的领导核心，是完善和提升基层社区治理体系水平的重要主体力量，其参与社区治理具有内在的逻辑。陈炜基于广州的实践与探索，认为要解决城市社区长期存在的秩序涣散、社区参与度低等问题，需要加快形成以基层党组织为核心的治理格局，以党建创新带动基层社区治理发展。由此，邓睿、肖云认为转型背景下基层行政与社区自治间的逻辑困境是对行政"退权"与自治"增权"进行尺度考量，从而应对基层社区治理中的权力分配与资源整合问题。但是，就目前来看，"一元论"下的党主导或引领社区治理仍然存在实践上的不足，这就需要在新时代强化党的全面领导之际，加快相关研究并建构有效的指导理论。

当前，伴随着社会人口流动加快、社区自治变迁、人口结构变化，以及社区治理能力有限，如何治理好基层社区越来越引起学界和政界的关注。治理是一个过程，需要在实践中勇于探索和创新，才能创造更加科学的治理"处方"。对于现有探索虽然取得了较好的认同和解决了社区治理的些许难题，但大多治理体制创新基本上是基于经济发达地区，有在居民素质高、收入中等以上、有现代化的小区、政府经济实力强等条件下进行的探索，但很少涉及城市老旧社区的治理应该走向何方。这表明在现有研究上,仍有可以拓展的空间和视野,而且研究城市老旧社区的治理也关系着我国社会整体治理体系的完善和治理能力的提升。因此,为了拓展现有的空间视野,应该通过扎实调研,全面准确把握我国基层社区的现状、性质、基础、事务清单、最大的困难、现行治理结构等。在此基础上,仔细研判,及时总结与分析,以找到化解新情况新矛盾的有效方法。

三、基层社区治理创新的困境与挑战

当今,我国在基层社区治理中创新了一系列的治理模式和制度安排,不仅提供了各具区域特色的新鲜经验,而且也基本建立了街区治理格局,初步实现了法治、德治、自治及多元主体的有机衔接和良性互动,但这与打造共建共治共享的社区治理格局的基本要求还相距甚远,仍然需要从实践中发现问题、解决问题。而据学界的研究来看,目前我国基层社区治理创新有着诸多的困境和挑战仍待策略性化解。

基层社区治理创新受现有治理理论缺陷、区域发展不协调、基层社区治理需求差异化、参与治理主体多元化、治理元素转变等多重影响,我国基层社区治理也面临着诸多困境与挑战。总体来看如史云贵学者认为,我国社区治理存有"街道办与城市政府、社区互动机制上还有待进一步完善;多元社区治理主体的非理性博弈严重影响了社区治理的整体效能;社区治理结构设置不尽合理;城市街道、社区不堪重负;社区治理的规章制度不规范;社区人才严重匮乏;社区内部组织重床叠架;社会组织在社区治理中的应有作用尚未得到有效发挥"等问题。而易臻真对改革开放以来的社区治理研究,尤其是 1992 年市场经济体制正式确立之后,他认为受政治体制改革的影响,城市中的基层社区治理也遭遇了"内卷化"危机。然而"内卷化"危机又与社区的权力主导相关联。如徐丙奎所言,快速城市化导致现代新型社区的迅速崛起,社区权力结构出现了新的变迁,但不少基层社区管理者一方面没有看到或不愿承认权力分化的事实,另一方面其既有的权力运作仍旧停留于传统的行政式管控,从而加剧了社区治理的困境和社区权力冲突。同时,郭伟和认为,基层社会治理长期存在双重背离问题,其背后反映出我国国家权威类型和治理体系停留在卡里斯玛类型和行政发包制上。以上只是基于规范性角度而言,从实证调查来看也可能让我们有更多认识。如陈鹏则基于上海的实证分析,认为街居之间行政压倒自治、部街之间条条牵制块块、基层组织之间相互推责而又争权夺利、基层组织与居民之间若即若离互不担责是社区治理中权责不对称的集中体现。此外,郑杭生等基于对全国多个城市实地调查分析指出，当前我国社区治理面临着四个方面的新形势：利益主体和利益诉求日趋多元导致社会矛盾日益复杂；群众的权利意识迅速崛起导致政府公信力和权威降低，风险社会的特征日益凸显导致社会安全感下降；信息化、网络化时代的来临导致其"双刃剑"效应的显现。王江伟基于对民政部组织评选出的2013—2015年三届共55项"中国社区治理创新成果"的多案例分析，发现我国社区治理创新呈现"东部强，中西部弱"和城乡社区不平衡的空间分布格局。韩萍以青岛市为例，认为社区治理主要面临着：社区治理行政化思维依然厚重，社区治理主体缺失，社区治理制度相对滞后、管理资源缺乏，社区治理主体目标不一致且手段匮乏等问题。

而从基层社区多元治理主体困境来看，如曹海军认为我国党建引领下的社区治理和服务创新仍然存在对基层党建的思想认识不足，基层党建的战斗堡垒作用不强，基层党建的方式方法不多，基层党建的体制机制不顺，致力于"一核多元"到"一核多能"推动社区治理和服务创新。朱建刚、陈安娜以一个政府购买服务为例，揭示了专业社工以政府购买服务的机制嵌入原有的行政社会工作之后，专业社工被吸纳到街道的权力网络过程中，产生了外部服务行政化、内部治理官僚化和专业建制的过程，复杂的街道权力网络限制了专业社工深入嵌入社区治理，使得表面光鲜的社会工作在街区权力体系中逐渐式微、失去影响。张菊枝、夏建中认为，我国新型社区居委会的运作存有：居委会的无法作为或者不作为，业委会的公益性及全民性缺乏有效监督，物业收益的非法性、不合理性，业主维权意识的提高导致他们针对物业或者针对业委会对自身权益的争取等问题，从而造成诸多群体性事件。唐若兰则认为基层社区治理是国家社会治理的重要基石，但基层社区治理组织（居民委员会、村民委员会）蜕变为政府行政部门的下级终端的传统管理体制与现代基层社区善治的终极目标却不相适应。随着社区治理网络化的普及，尤其是"互联网+"时代的到来，社区网络化治理也存在一些问题需要应对。如田先红等认为互联网在影响社区治理结构的同时，仍存在着治理主体缺乏互联网思维和能力、社区居民参与性不足、智能化社区服务供给与需求脱节的挑战等问题。

但我们也不能主观地忽略"村改居"社区、"农转非"社区、老旧社区等的治理，这些社区的治理也是我国当前阶段要面临的治理难题。如顾永红、向德平、胡振光指出，"村改居"社区是城市化进程中的一种特殊类型的社区，"村改居"社区治理目前面临着集体经济发展瓶颈、组织关系不顺、社区自治能力不强、公共服务落后等诸多问题。还有人通过对浙江乐清地区的农村社区的调查，依据杜赞奇的"权力的文化网络"模型，他认为必须警惕不法宗教可能引发农村社会秩序失范的潜在风险；基层政权对农村治理制度供给与保障的职能尚未到位，未能创造村民自治的理想环境；基层社会整合难度加大，村规民约未能实现村民自治价值观念向生活世界的有效渗透，缺乏价值重建的时代功能。

纵观已有关于基层社区治理的种种困境和挑战，可以看出我国基层社区治理仍然还有很长的路要走，但也必须警醒的是，基层社区治理的根本目的不是外部一厢情愿地提供公共服务，内部理所当然的享受，而是居民享受治理带来好处的同时也自觉参与到治理之中，这才是社区善治的终极目标。陈伟东对此做了很好的反思，他认为现存的基层社区行政逻辑生成了居民"理性无知"，社区慈善逻辑强化了居民"理性无知"，也即在社区结构关系中养成了居民宁愿做旁观者、享受者，也不愿自我行动，使得社区治理陷入"政府治理—居民看客、社工服务—居民享受"的循环之中。但也应该如刘建平所看到的，"单位制"向街区制治理模式转型过程中，"总体依附性"的特征仍然明显，社区自治程度低、社区治理能力比较低、社区治理的认同度底等。如果今后我国基层社区治理创新不能解决"依附性""理性无知""惯性依赖"等治理难题，都不能算作真正实现了善治目标。

四、基层社区治理创新的审视与前瞻

不难看出，学界关于基层社区治理的研究范式、治理机制或模式等取得了丰硕的成绩，对社区治理的难题和挑战也有了较为清晰的认知，为当前社区治理和相关部门的工作提供了有力启发。但现有研究仍存有诸多不足，主要表现在以下几个方面。一是对现有研究范式的运用存有滞后于社会变迁以及运用的"神话"。二是在推进中国本位经验研究的基层社区治理时，固化于个案研究，缺乏扩展个案研究。三是部分学者偏爱从治理理论本身出发，再结合现有治理经验探求社区治理的创新，而忽视从基层社区实践或情景化出发，分析基层社区的性质、基础等以寻求科学的、因地制宜的社区治理模式和理论架构。四是现有研究局限于新型社区的治理研究，而缺乏或忽视城市老旧社区治理研究，导致基层社区治理研究的失衡。五是已有研究大多关注社区治理的外部资源输入，在激活和吸纳内生性存量资源方面并无过多涉及。

另外，从已有研究的进程来看，笔者认为，该论题方面的研究可以总结为三个方面。第一，中国基层社区治理研究已逐渐突破"拿来主义"的研究局限，在排斥或抵制"书斋"式的研究的同时，成为多学科、综合性议题，并更多强调具有中国话语权的基层社区治理研究。第二，有关基层社区治理的相关讨论在不断增多，关注的范围越来越宽泛，学界已经或正在跳出单纯地强调社区的"去行政化"以还权于居民自治或两者的分离，并且也不仅仅强调党和政府的治理，而是致力于多元治理主体的合作。第三，近年来，国内学者对基层社区治理的讨论明显增多，主要源自基层社区治理中出现了许许多多的治理悖论与治理难题，并且与国家建设治理体系和提升治理能力的要求有很大的关系，两方面因素共同决定了基层社区治理研究趋向于广泛和得到重视。因此，综合多学科理论资源，采用实证研究方法，将社区内生性资源和外生性资源的利用相结合，是推进已有研究的重要思路。

党的十九大报告明确指出，要加强和创新社会治理，打造共建、共治、共享的社会治理格局。加强社会治理制度建设，完善党委领导、政府负责、社会协同、公众参与、法治保障的社会治理体制，提高社会治理社会化、法治化、智能化、专业化水平。这也是新时代的重要任务和创新社会治理的迫切要求，更是基层社区治理的时代议题。因而，如何打造共建共治共享的社会治理格局，尤其是实现基层社区的有效治理，成为我国基层社会治理的难点和重点。正是基于这一现实背景和需求，笔者认为，当前及今后一段时间要加强基层社区治理研究，必须在融会贯通中央的精神基础上，深入挖掘中国基层社区的性质、特点和基本结构，治理基础、依靠力量和最大的困难等，根据社区实际和语境，创新社区治理，才能科学可行。基于此，我国基层社区治理在追求多元共治的同时，还应该大力强调和挖掘基层社区内生性的存量治理资源，尤其是社区积极分子。坚持中国本位的经验研究方法，使治理经验上升为治理理论，从而更好地指导我国基层社区治理。总之，只有认清我国基层社会治理的实质，完善相关制度机制，坚持科学的研究方法，融合多种治理资源，我们才能真正实现基层社区治理体系的完善和治理能力的提高。

第二节 基层党建创新与基层治理现代化

加强基层党建创新、推进基层社会治理现代化是执政党建设的崭新命题。党的十八大以来，中央高度重视基层党建工作，强调要以基层党建引领基层社会治理创新。习近平总书记指出："党的工作最坚实的力量支撑在基层，经济社会发展和民生最突出的矛盾和问题也在基层，必须把抓基层打基础作为长远之计和固本之策，丝毫不能放松。"基层治理现代化离不开科学有效的基层党建创新。基层党建必须根据形势变化进行自我调适，引领基层治理创新以适应国家治理现代化的需要。基层党建创新作为国家治理现代化向政党提出的必然要求，也是基层治理现代化的内在要求和发展方向。

一、基层党组织是基层治理现代化的领导核心

基层党组织的领导核心地位和战斗堡垒作用是基层治理现代化顺利进行的前提。基层治理现代化是国家治理现代化的重要基石，以改革创新的精神加强和改进基层党建工作，引领和推进基层治理现代化，是国家治理现代化在基层领域的延伸。判断一个基层党组织能否引领基层治理现代化，主要有三个基本标准：一是能否及时高效解决和应对基层发展难题；二是能否引导不同的主体统筹建立多元的治理格局和体系，优化治理机构；三是能否提供群众满意的基本公共服务。从这三个标准来看，基层党组织可以大有作为。

坚持五大发展理念、破解基层发展难题是基层党组织的重大使命。党的十八届五中全会指出："破解发展难题，厚植发展优势，必须牢固树立并切实贯彻创新、协调、绿色、开放、共享的发展理念。党的基层组织是党的全部工作和战斗力的基础，可以从贯彻五大理念入手，破解基层发展难题。"创新是破解基层发展难题、推进基层治理现代化的根本支撑和关键动力，"必须把创新摆在国家发展全局的核心位置""必须把发展基点放在创新上"。协调发展是全面建成小康社会，推进区域协调、城乡协调，确保基层各方面事业齐头并进的有力保障；坚持绿色发展是破解生态困境，实现发展、富裕和美丽中国建设的必由之路；开放是拓展基层发展空间、优化基层治理格局的内在要求；坚持全面共享、全民共享、共建共享、渐进共享的共享发展理念，是始终坚持以人为本执政理念和全心全意为人民服务宗旨的根本要求和体现。

始终坚持基层党组织在基层治理中的领导核心地位和作用，形成基层治理合力是基层党组织最大的政治优势。进入21世纪以来，改革的不断深化，社会阶层、社会成分、社会组织形式、社会生活方式发生的深刻变化，导致了社会利益诉求的多元化，人的存在方式也由"单位人"转变成为"社会人"，这就给基层治理带来了诸多新变量和新要求。其中一个重要问题就是党组织在社会基层生态中如何处理好与新经济组织、新社会组织、群众自治组织之间的关系，并有所作为发挥好党组织的作用。党的十六届六中全会确立了党委领导、政府负责、社会协同、公众参与、法治保障的社会治理新体制，在这一基层治理格局中，党委领导是根本，政府负责是前提，社会协同是依托，公众参与是基础，通过政府与社会的良性互动，实现政府、社会、公民的共治，已成为当

代重要的社会治理模式。这一治理格局首先要始终坚持党在基层社会治理中的领导核心地位，发挥好党组织总揽全局、协调各方的作用，充分发挥基层党组织的战斗堡垒作用；同时也要重视新的经济组织、社会组织和群众自治组织的自身建设，引导其发挥好在社会自我调节、自我完善、自我管理、自我教育中的特殊优势。

打造服务群众和群众满意的基层服务型党组织是基层党组织建设的任务目标。在基层治理现代化视野中，对基层党组织而言，最好的载体和手段就是把组织功能的重心转移到服务上来，加强基层服务型党组织建设，在实现民心在基层聚集、资源在基层整合、问题在基层解决、服务在基层拓展等方面不断推进基层治理现代化。党的执政基础在基层，要把服务群众作为切入点和重点，发挥好基层党组织的作用，使基层治理进一步科学化、规范化。只有在推进基层治理现代化进程中加强基层服务型党组织建设，着力突出服务群众的功能定位和价值定位，切实提升服务群众意识、强化服务功能、拓宽服务功能、拓宽服务领域，才能在服务群众的过程中不断巩固党的执政基础。

二、以基层党建创新引领基层治理现代化

以党建创新引领推动治理的法治化、制度化、规范化，是基层治理现代化的重中之重。在国家治理现代化进程中，如何适应基层治理现代化的要求，推进基层党建工作创新，成为摆在基层党组织面前的一项重大现实任务。基层党建创新能否担当起引领基层治理现代化的重任，主要在于基层党建创新能否把握好以下三个问题。

（一）找准基层党建创新的着力点

实现基层党建创新对基层治理现代化的引领，必须找准基层党建创新的着力点，主要包括以下三个方面。

第一，把领导干部打造成为执政骨干。习近平同志指出："建设中国特色社会主义，关键在于建设一支宏大的高素质干部队伍。"这也是推进基层治理现代化的关键所在。领导干部并非都是执政骨干，何谓执政骨干？执政骨干就是治国理政的中流砥柱，是党员和干部队伍中的核心部分。推进国家治理现代化，全面提高党的建设科学化水平，巩固党在基层的执政根基，关键在于建设一支政治坚定、能力过硬、作风优良、奋发有为的执政骨干队伍。一方面，要坚持正确的选人用人标准，保持干部队伍的先进性和纯洁性。政治路线确定之后，干部就是决定因素。用什么样的标准选人用人，是打造执政骨干的核心问

题，关键是要把基层那些懂治理、会治理、善治理的干部选拔出来。另一方面，要加大基层领导干部的教育管理和监督，把基层治理绩效纳入干部考核监督的范畴，引导基层广大干部形成现代化的治理理念，提升现代化治理能力。

第二，把基层党支部打造成为坚强的战斗堡垒。支部是党在社会基层组织的战斗堡垒，是党全部工作和战斗力的基础。各级党组织要牢固树立大抓基层的鲜明导向，尤其是不断推进民主化管理，加强基层党组织工作规范化建设。党支部建设是充分发挥战斗堡垒作用的关键。一是要提高支部书记队伍素质和能力，使其在基层治理现代化进程中真正发挥"领头雁"作用。党支部书记是党支部工作的组织者，提高他们的基本素质是党建创新引领基层治理现代化的基础。二是要加强党支部凝聚力建设，坚持"立党为公、执政为民"的要求，在群众关心的热点难点问题上，设身处地为群众着想，切切实实为群众办实事、解难题，形成上下左右推进基层治理现代化的最大公约数，让基层党组织在固本培元中更富有生命力和战斗力。三是强化担当精神。"上面千条线，下面一根针"，治理现代化以基层治理的责任最为重大。这就需要广大基层党组织勇于担当，守土有责、守土尽责，把基层治理中的新情况、新问题作为基层党建工作创新的动力，不断强化基层党支部的战斗堡垒作用。

第三，让党员发挥好先锋模范作用。党员先锋模范作用是指党员在人民群众中应该产生的影响，即在生产、工作、学习和一切社会活动中，通过自己的骨干、带头和桥梁作用，影响和带动周围的群众共同实现党的纲领和路线的行动。党员的先锋模范作用是历史的、具体的，集中体现在以下三个方面。一是带头作用，在基层治理中党员应处处以身作则，处处给群众做出表率，依法依纪依规用权履职，影响和带动人民群众为推进基层治理现代化奋斗。二是骨干作用，共产党员在基层社会治理中要担当重任，坚持治理理念，坚持法治思维，坚持学习，不断提高自己的治理能力和治理水平，坚定不移地推进基层治理现代化，成为基层治理的核心力量和中坚分子。三是桥梁作用，基层治理需要党组织领导群众和其他社会主体的共同参与，协同推进，党员干部要成为党组织和其他社会治理主体沟通交流的中介，要成为党组织与人民群众、其他社会组织互动联系的纽带。

（二）强化基层党组织的功能调适和角色定位

改革的深入和利益格局的深度调整，利益冲突显性化、利益关系复杂化、利益主体多元化，以及基层组织社会化和党组织社会化的发展趋势，迫切要求基层党组织不断强化功能调适和角色定位。基层党组织要在基层治理现代化中找准定位，调适和优化党组织、社会组织、群众之间的利益诉求和功能定位。

第一，服务功能是基层治理现代化的首先要求。服务功能是带动和提升基层党组织其他功能的基础，服务功能是政治功能充分发挥的必要条件。基层党组织服务功能发挥到位，服务方式和服务内容定位准确，才能引导民众自觉践行党的政策，进而达到组织动员、凝聚人心、力量整合和稳定社会的目的。一是基层党组织承担着经济社会领域大量烦琐的日常工作，对重大事务进行管理，这就需要推动服务功能和其他功能相结合，服务党员与服务群众相结合，传承党的优良传统，赢得群众的真心支持和认同，这是整合力量推进基层治理现代化的内在要求。二是积极探索党组织的公益性服务。随着社会阶层的分化和社会人身份的转变，基层党组织在完善公共服务的同时，还应积极拓展公益性服务功能，基层党组织与社会、社会实践、公共秩序、公共活动之间建立联系和纽带，使基层党组织成为党员服务社会、党员践行宗旨、党员联系群众的组织。

第二，强化利益协调和整合功能。近年来，由于社会阶层的分化和利益诉求的多元化，加之企业改制、征地拆迁、环境卫生、执法不当问题引发的矛盾，这些矛盾起因复杂，处置难度大，稍有不慎就可能引发影响社会稳定的重大事件。利益整合无疑是基层治理现代化亟待解决的问题之一。面对基层矛盾冲突日益高发的新常态，基层党组织要切实强化利益协调和整合的功能及责任，自觉成为各类组织和人群的引导者与协调者。一是畅通利益表达渠道，发挥党组织的整合功能。利益表达途径不畅，民众诉求就不能得到有效的疏导，就会给社会稳定留下风险因子。因此，要鼓励党员和群众参与社会治理，引导群众理性表达利益诉求，最大程度地解决群众问题。二是协调好社会各种利益关系。政党现代化的过程就是政党回归社会、扎根社会的过程，协调利益关系是政党领导社会的实现形式。只有协调好各个社会主体的利益诉求和关系，才能确保党组织在基层治理中的核心领导地位，这也是评价和判断治理是否现代化的一种重要准则。

第三，把提升治理能力作为关键之举。一是基层党组织要发挥示范带领作用。基层治理格局中，党组织地位特殊，不能简单等同于一般的社会主体，党员也不能等同于一般群众。基层党组织和党员干部是基层执政与治理的主体，其行为的影响力和示范意义远远高于一般社会组织与群众。基层党组织和基层党员干部的法治素养、法治意识、法治思维、法治能力如何，直接决定着治理现代化的实现程度，直接影响着法治秩序和权威能否在基层树立。只有基层党组织和党员干部带头尊法、守法、执法、护法，身先垂范，树标杆、做表率，才能带动全社会树立对治理秩序和法治的尊崇与信仰。同时，在党纪法规面前发挥好行为规范导向功能。二是不断提升基层党组织的治理能力。党组织要想在推进基层治理现代化中发挥引领推动作用，就要努力提升治理能力，尤其是要提高危机管理能力，妥善应对和处理突发事件，提高对突发事件、危机事件的预测、监控和现场处置能力。

第四，增强基层党组织的整体功能。基层党组织属于国家政权与基层群众的桥梁和纽带，在处理党与国家、社会的关系上呈现出多功能交叉的现象。以基层党建创新引领基层治理现代化，并不是说片面、孤立地靠其中单个功能，或是几个功能简单的累积和叠加能够实现，而需要统筹党组织的政治功能、服务功能、利益整合功能、示范引领功能等协调并重，齐头并进，才能达到预期的效果。这就要求转变领导方式，注重沟通和协商，通过发挥党组织的政治优势，自觉成为各种社会组织、社会力量、社会利益的引导者和协调者，从而赢得群众内心持久的支持和认同。

（三）基层党建创新要突出制度化和民主化的创新方向

治理的现代化主要包括治理制度的现代化和治理方式的现代化。治理制度的现代化，即制度治理、规则治理。治理方式的现代化，即治理主体的多元化。因此，民主化和制度化是推进基层党建工作创新的根本出路，也是推进基层治理现代化的逻辑原点和基本保障。通过推进基层党建工作创新，逐步实现基层党建的科学化、制度化、规范化和民主化。

以基层党建的制度创新推进规则治理。从某种意义上说，现代治理就是一种规则治理、制度治理。在治理现代化视野中，基层党组织如何实现制度的创新，以党建创新引领推动基层治理的规范化、制度化、法治化，成为各级党组织亟待解决的战略任务。一是要健全基层治理的组织体系。基层党组织尤其党组织负责人要高度重视基层治理工作，把基层治理作为工作的重要组成部分，明确责任和担当，形成基层党组织主导和参与的治理格局。二是制定基层治理层面规则的现代化。治理规则化是基层治理现代化的重要内容和必然要求，基层党组织，一方面要不断推进治理规则的现代化，以适应当前基层治理形势的变化和要求，另一方面基层党组织更是规则的守护者，不仅要自己遵守社会规则，做遵纪守法的表率，还要严格执行规则，维护责任尊严和权威。三是构建精细化的基层治理制度体系和精准化的治理程序。规则治理之要在于构建精细化基层治理制度体系。构建基层治理制度体系，应以实现治理绩效目标为引领，以最优化的机构设置、系统的权责配置、精细的流程设计，促进治理主体管理框架的标准化、执行的细节化、服务人性化和问责法治化。同时，还应设计严格、科学的程序，对治理的主体、方式、成效、时限、公开、考核等给予规范，确保程序正确，积极营造基层的善治局面。

三、基层党建创新需要注意的几个问题

基层党建要实现引领基层治理现代化的目标和任务，必须逐步实现基层党建创新的严肃性和规范化。这一过程中，要注意基层党建创新中的几个问题。

（一）要注意基层党建创新的严肃性

严肃性直接关乎和影响着创新的正当性与合法性。党建创新只有具备严肃性的品质，才能实现引领和推动基层治理现代化的重任。当前，基层党建领域存在着一些错误的认识，即将党建创新庸俗化。例如，有的为了创新而创新，把创新作为吸引眼球、彰显政绩的噱头；有的刻意求新，认为创新就要突破法规限制；有的新瓶装旧酒，把换个新名词、新教法当作创新；有的创新过于频繁，甚至年年有创新；等等，这些创新极不严肃，有违基层治理法治化、实效化的要求。基层党建创新的严肃性主要是指以下三个方面的要求。一是党建创新的态度必须严肃。党建创新不是主观心态的需要，而是推动基层治理现代化的实践的需要，要有严肃的创新态度。二是党建创新的过程是严肃的。党建创新的成果的产生需要有一个时间过程，不能拔苗助长，真正的创新是一个非常艰苦和困难的过程，同时创新成果被党组织、群众和社会认可，经得起历史实践的检验，必须有相当的时间沉淀。三是党建创新的内容必须严肃。创新的成果是一个严肃的逻辑体系，内在系统是协调一致的，党建创新的程序要经过实践的反复检验，党建创新的宣传和推广也要因时因地因人，不能不顾基础条件和环境的差异放之四海。

（二）要处理好实践创新与制度创新的关系，加大制度创新的力度

当前基层党建工作创新可谓发展迅速，大致可以分为两类：一类是针对实践发展过程中出现的新情况新问题的实践创新，另一类是制度创新。现有的创新成果中主要还是以实践创新为主，制度创新则乏善可陈。实践创新非常必要，是基层党组织为适应外部形势变化在组织和功能上进行的自我调适，也很好地解决了现实工作中的一些实际问题，但这些创新很多时候只是治标之作，不能治本。制度创新才是根本，才能治本。实践创新突出创新的工具理性，制度创新则是代表的价值导向，二者不可偏废，实践创新需要制度创新的规范和保障，

才能持久和有效。在当前全面从严治党的要求下，必须加强制度建设，发挥制度的权威制约性，唯有如此，基层党建创新的新常态、新成果才能为引领基层治理现代化提供坚强组织保障。因此，要注重制度创新的力度，要着重研究管党治党的制度性创新、保障基层治理现代化的制度创新，如党内一些基础性的制度，民主生活会、批评与自我批评、民主评议党员制度等，这些制度既是管党治党的根本性制度，又是引领基层治理现代化的保障性制度，需要下力气研究，确保制度管党治党真正落到实处。

（三）要注重突出党组织政治功能

在当前语境下讲创新，主要目的在于使基层党组织有效应对各种挑战，强化自身的政治责任和政治担当，因此，突出基层党组织政治功能应是基层党建创新的发力点。政治功能是基层党组织的魂，也是基层治理现代化成败的核心因子。近年来，基层党组织政治功能存在弱化的倾向，尤其是政治层面的担当和作为显得软弱无力。一是明确功能定位。要旗帜鲜明、理直气壮地明确和强调基层党组织的政治功能，正确理解和处理基层党组织、社会组织、自治组织作用发挥的关系，把更多精力放到引领方向、总揽全局、思想引导等功能上来，充分发挥党组织政治引领和领导核心作用。二是要增强维护党的领导的自觉性和坚定性。基层党组织的实现是党的领导的重要基础。基层党建创新要在强化党的意识，维护党的团结统一、权威和形象上，增强政治自觉和行动自觉性，树立政治意识、大局意识、核心意识和看齐意识。三是增强完成党的任务的创造性。基层党组织是实现党的目标和任务的力量支撑。党的大政方针最终要靠基层党组织贯彻落实到基层，基层党建工作要在推动发展、优化治理、服务群众、凝聚人心上用心研究和思考，把党的政治优势转化为治理优势。

此外，基层党建创新还要注意避免职能泛化、行政化、指令化等不良倾向，陷入盲目创新的误区。基层党组织要找准在创新、理论设计、实践需要、实际操作和创新实效之间的契合点，把握好基层党建工作创新的方向性问题。

第三节　大数据时代基层社会治理创新

党的十九大提出要打造共建共治共享的社会治理格局，提高社会治理智能化水平，同时强调建设数字中国、智慧社会的目标。作为构建现代化国家治理体系的突破口，基层社会治理必须牢牢把握住大数据技术发展这一契机，积极转变治理理念和方式。

一、大数据在基层社会治理创新中的重要价值

（一）促进基层社会治理决策科学化

转型时期，传统的"技术专家型"和"有限样本信息"决策模式，因过于依赖决策者理性和经验推导演绎已表现出不适应性。大数据技术是一种基于对繁多芜杂数据信息的采集、存储和关联性分析而发现新规律、产生新价值的服务业态，它能够高效集成政治、经济、民生、环境等领域的信息。进一步利用这一技术，建立一套完整的基层社会治理相关数据综合分析应用体系，对海量微观数据进行收集存储后，通过实时云计算、长时段跟踪、可视化数据仓库，将从各种数据端口获取的信息及时传回给决策支持系统，从而实现决策从"基于结果向基于过程分析转变"。通过大数据技术所提炼的数据，能直观反映基层民众的诉求，以"实证的事实"为最终决策提供智力支持。

（二）促进基层公共服务精准化

大数据开启了以人为本、需求导向的公共服务新模式，利用大数据能够体察民生动态，合理配置资源，丰富服务内容，延伸服务渠道，改进服务质量；能够倒逼政府围绕终端再造，优化流程设计，构建"一站式"服务平台，提高行政管理效率。本质上，大数据对公共物品的生产是一种精准生产，它最大的特点和价值在于可以提升与改进公共物品生产供给端的投入质量、过程中的机制生态、输出端的价值效能。通过对全部数据资源进行深入分析，还能划分不同层次和维度，迅速发现个性化需要，促进供给精准化。

（三）促进基层社会监管高效化

当前，网格化工作方法正逐渐普及于我国城市基层社区管理中。首先，通过数据信息共享，可以帮助网格员更好地收集网格内的人、地、事、物、组织等信息并上传至综合信息平台，在大数据技术全面分析把握民生动态的基础上，找准薄弱环节，及时解决问题。其次，利用大数据技术强化公安与燃气、水务、电力等民生部门的数据碰撞，有利于监测数据异动，研判防控重点，促进平安创建。最后，依靠大数据作为技术支撑，有利于推进以居民身份证号码和组织机构代码为基础的统一社会信用代码制度的实施与完善，进而落实以信用为核心的新型监管机制。

二、大数据时代基层社会治理创新面临的主要困境

（一）基层社会治理大数据意识缺乏

受传统科层制管理模式的影响，我国行政管理实践中单向沟通、条块分割、经验为主的特色明显。由于长期缺乏大数据文化，也让大数据意识比较淡薄，重定性、轻定量，重概括、轻数据，这种文化习惯对基层社会治理领域也产生了消极的影响。当前基层党委政府、企事业单位、社会组织等社会治理主体普遍缺乏大数据意识，没有充分认识到大数据的重要价值，更谈不上应用大数据技术有效推动治理创新。其主要表现在，重视管理控制、轻视服务优化的管控意识；重视部门内部、缺乏全局观念的部门利益格局；依赖政府单向管理、社会动员能力不足的客观现实。由此导致我们在数据收集、分析、存储和使用等方面存在不少问题。如收集手段落后，不及时、不全面；分析技术单一，结果容易出错；存储不集中，查找起来麻烦等。大数据意识的缺乏还表现在东中西部发展不平衡，特别是在中西部农村地区，因资金和人才的限制，大数据技术和基层社会治理很难结合。

（二）基层社会治理大数据共享困难

依托大数据进行的社会治理，是政府开放数据、政府与商业企业合作、社会力量全面参与的协同工程，三者缺一不可。当前，基层政府、自治组织等主体汇聚了存量巨大、质量较高、增速快、与老百姓关系密切的数据资源，但是除了少部分作为自用或者依法公开以外，大部分数据资源作为生产要素和社会资产的价值属性并没有发挥出来，数据共享面临许多困难。究其原因，主要有三。一是不愿共享。很多社会治理主体特别是基层政府部门不愿意数据共享，在建立信息系统时，往往只从自身的工作需要出发，表现出很强的封闭性。二是不敢共享。目前，我国国家层面还没有颁布社会治理数据共享的专门法律、规章、条例，数据共享无法可依，已有的相关法律法规又可能相互冲突，这些问题导致许多社会治理主体尤其是政府部门无所适从，担心犯泄密错误，不敢进行数据共享，大量数据被束之高阁。三是不能共享。在基层具体行政实践中，由于技术标准、部门利益、产权归属、问责压力等因素，数据共享的制度设计步伐缓慢，数据"壁垒"普遍存在，多龙治水、各自为政，使政务资源大量浪费。

（三）基层社会治理大数据人才匮乏

一方面，在宏观层面上我国大数据技术并不成熟。从数据多样性的角度来

看，21世纪基层数据信息爆炸式发展，而我们所面对的大多数基层数据都属于非结构化数据，在数据来源、数据格式和数据存储等方面类型众多，对应的分析方式各不相同，数据处理非常困难。深度挖掘这些非结构化数据，需要高水平的大数据分析技术，有时需要多个专家共同合作完成，才能筛选出真正有价值的信息。如果数据分析出现错误却浑然不知，仍然使用错误的分析结果，则后果不堪设想。大数据人才，不是传统大学教育体制下培养的单一学科型人才，而是系统掌握多种学科知识的人才，因此在培养上更加困难。加之大数据技术推广在我国尚处于起步阶段，人才供应严重滞后。另一方面，基层工作人员绝大多数只熟悉本部门的工作业务，只掌握某一领域的专业知识和经验。特别是一些社区工作人员，自身科学文化素质有限，对于大数据有的一无所知，有的一知半解，真正了解并掌握大数据视野和操作能力的专业人才寥寥无几，不会分析利用，数据价值自然无法彰显。

三、大数据时代推进基层社会治理创新的主要途径

（一）树立大数据治理理念

大数据技术也是生产力，它将从根本上改变社会治理状况。基层社会治理主体尤其是基层党委政府要革新经验型治理思维和行为定势，把树立大数据理念作为工作的先导。一是要在基层大力宣传普及大数据知识。加大大数据的宣传教育力度，让基层社会治理主体学习掌握大数据的基本知识，深入了解大数据在社会治理领域的重要价值，进而从主观上了解并认可大数据技术，为运用大数据提供坚实的思想保障。二是要重视社会治理大数据战略顶层设计。自2014年以来，我国已连续五次将大数据写入国务院的政府工作报告，并出台了关于《促进大数据发展的行动纲要》《国家大数据综合试验区建设总体方案》《大数据产业发展规划（2016—2020年）》等一系列规划指导意见。今后我国在持续强化大数据战略地位的同时，应成立专门管理机构，制定专门的社会治理大数据发展规划，统一社会治理数据在全国范围内共享的标准和规范，建立健全相关法律法规。通过顶层设计和方向引导，推动全社会对大数据治理进行深入分析和实践应用，充分发挥大数据在基层社会治理中的积极作用。同时，应顺应大数据时代背景，推进基层社会治理走向现代化，要求各主体树立协同共治理念，即让多元主体优势互补，让社会组织、企业、老百姓自己成为大数据治理主体中的一方，体现政社之间的良性互动。

（二）构建基层信息综合管理平台

多元主体共同参与公共产品生产符合现代公共管理发展和治理现代化的内在要求。基层党委政府要在充分利用自身在采集原始数据上的优势的同时，自上而下做好平台设计，建立多元治理和信息共享机制。一是构建高效的信息采集机制。从大数据来源来看，政府治理的数据不仅包括政府内部结构性数据，还包括政府公共平台采集的大数据以及企业、个人物理空间及网络空间相关的大数据。实现海量数据全要素进平台，必须加强政企协同、政社协同，构建全面覆盖各类社交网络、应用终端的统一采集平台，为实现大数据的完全共享提供坚实的保障。二是建立统一的公共基础信息资源库。省市一级政府应当发挥优势，制定数据开放规划和地方性条例，建立区域内统一的政务信息平台，为基层开展大数据治理提供行为框架和技术支持。基层不同部门之间，打破数据壁垒，整合各类信息资源库，建立健全共享承载平台与技术服务机制，解决不同系统、平台、数据结构连接交汇的问题。三是组建数据分析队伍。在全面融合基层政府、社会、公众等多渠道数据的基础上，成立专门数据分析小组和数据可视化小组，围绕教育就业、医疗卫生、公共交通、食品卫生、环境治理等基层社会治理难点、热点问题开展专项数据分析，为业务部门开展工作提供针对性建议。四是强化安全保障。基层社会治理围绕老百姓的身边事展开，必然能够采集到海量个人信息。因此，基层社会治理与大数据技术的融合，必须界定好数据开放与公民隐私、数据安全之间的边界。通过建立数据开放负面清单，规范信息采集人、管理者等相关主体责任并落实监督管理，配备资源库安全防卫系统，是应对基层社会大数据治理安全风险的必经之途。

（三）培养基层社会治理大数据人才

目前各级政府部门掌握着经济、气象、环境、民生等社会各方面80%以上的数据资源，但这些数据大多处于"休眠"状态，培养一批具有大数据思维、熟练掌握大数据分析和应用的专门人才势在必行。大数据人才必须综合掌握数学、统计分析、数据关联处理、计算机和自然语言等学科知识，并具备所在岗位的专业知识，形成比较强的数据分析能力，才能深度挖掘数据和及时发现数据潜在价值。离开了人才这一根基，在基层社会治理中谈大数据分析应用将成为无本之木。加快培养基层社会治理大数据分析人才并非易事，我们需要从以下几方面着力：赋予大数据人才计划以战略地位，制定相关的政策法规，为培养社会治理型大数据人才提供有力的制度保障；以创新驱动为指引，鼓励和扶持高校、科研院所、技术型企业和社会组织开展"产、学、研、用"合作，推进大数据自主创新研究，加快突破大规模数据仓库、非关系型数据库、数据挖掘、数据智能分析、数据可视化等大数据关键共性技术，由点到面实现技术实力整体升级。加大资金扶持力度，重点培养一大批跨界复合型、应用创新型大数据的高层次人才，为基层社会应用大数据技术进行社会治理提供智力支持。2018年3月教育部公布的2017年度普通高等学校本科专业备案和审批结果显示，中国人民大学、北京化工大学、中国农业大学等数十所高校申请的"数据科学与大数据技术"成功获批，这将为未来大数据培养大量人才。各级党委政府要以制定优惠政策或者提高薪资待遇水平的方式，吸引大数据领域专业人才流入基层社会；同时要建立培训平台，加强对基层工作人员的大数据技能教育，讲授国内外基层政府大数据运用的成功范例，强化基层工作人员的大数据思维与操作能力。

第四节　国家治理现代化进程中的基层治理创新

作为国家治理体系的微观基础，基层社会的治理理念和结构是审视治理现代化进展的基本要素。在推进治理创新的过程中，基层行政人员治理目标的设置以及对现代化转型的理解存在一定程度的迟滞；同时，在行政权力主导的情势下，基层治理结构所塑造出的行动者角色认知与行为偏好，在治理实践过程中呈现僵化与盲目的趋向，由此会使得"行政之恶"滋生与蔓延。为改变这一治理困境，应当从社会力量的嵌入、科学理性与社会理性的辩证以及合作性权力的构建三个策略维度入手，大力推动基层治理创新与转型。

党的十八届三中全会以来，国家治理现代化的研究日益丰富。在国家治理现代化的历史进程中，社会治理现代化是重要内容。而如何有效地推进社会治理的现代化进程，需要切实审视社会治理变迁内在逻辑及其过程。在笔者看来，社会治理的理念转型、治理结构与策略模式，决定着治理创新的情境与过程。基层社会作为国家治理体系的微观基础，对其治理变迁的审视有助于厘清治理创新的情境与过程，是验证国家治理能力建设的最佳场域。

一、基层行政人员治理理念转型的迟滞

回顾改革开放的政策历程，可以发现，制度的创新与确立要远远滞后于相关理念及具体行为的问世。可见，理念的创新是改革的前奏，制度的现代化有赖于理念的变革。审视基层治理实践，令人担忧的是治理理念的转型远未跟上治理实践发展的步伐，具体来说有以下几个方面。

一是治理现代化的目标追求尚未摆脱权力机关"刚性稳定"的束缚。基层公务员大多在自上而下的各种指令、任务、考核、应酬中疲于奔命，将主要精力和大部分资源用于应对上级下派的各种事务，而将辖区公共服务的供给排在次要位置。于是，在经济发展和维护稳定的双重压力下，农村基层政权面临着权力"悬浮"、"维稳"异化、"与民争利"的现实困境。在此情况下，公共服务的治理理念缺乏生长的组织基础，而公共治理实际推崇的多是对刚性稳定的追求。例如，"小事不出网格，大事不出社区，难事不出办事处"的精细化管理目标，"四定五包"（定领导包案、定责任单位、定化解措施、定完成时限，包案件调查、包解决问题、包教育疏导、包案结事了、包稳控服务）的基层服务原则，都在很大程度上因循着"综治"与"维稳"的传统治理理念。

应该说，基层行政人员就地化解矛盾、解决问题的勇气令人敬佩。但随着社会发展的多样化，基层社会的问题不再局限于一时一地，社会矛盾呈现出历时性、跨界性与复杂性，而弱化的基层组织缺乏对其实施有效治理的能力。基层行政系统勉为其难地追求秩序，源于长期以来的"行政包办意识"，如某地对社会问题排查的周期设置，即县每月排查，乡镇半月排查，村（社区）周排查，就是这一观念的典型表现。一旦发现重大社会矛盾纠纷，其直接目标不是帮助群众尽快兑现其利益诉求，而是采取各种措施制止群众越级上访或赴京上访，所采取的方式主要是由县党政领导成员实施"包案督办"，其目标正如基层行政人员所言："尽好自己责，办好自己事，看好自己门，管好自己人。"

在这种理念主导之下，基层公务人员更倾向于认为，创新社会治理不过是社会综合治理的另类表述而已，是维护社会稳定、建设平安城市（县/乡）的一种新措辞。于是，基层行政人员的治理目标自然始终围绕着综合治理与社会稳定而设计，表现在行动上也就是"优先解决综治用房"以及"高标准打造维稳接访大厅"。如此一来，行政人员对良好社会秩序与基层政府角色的理解合乎逻辑地演化为偏重于接访、截访、消访，忽视网络化主体结构的多元性和互动性，事实上也就随之失去了对于多方利益主体进行平等对话、沟通协商的话语基础的重视；另一方面，对"多元参与"与"社会共治"的理解偏重于联防人防，对社会治理的"波动性与稳定性"的互动关系缺乏理性认识，局限于简单地关注社会稳定目标的实现，而忽略波动性的秩序对社会良治的积极意义。需要警醒的是，秩序是在社会生活中形成的，是人们在自身行为方式变化后相互之间的预期和行为方式的磨合，忽略了行动者之间的互动性效应及其发展规律，自然也就无法把握社会秩序的发展规律。显然，基层行政人员治理理念现代化转型的迟滞，无疑将影响社会良性互动和治理现代化的发展进程。

二是将现代化转型简单地等同于技术手段的更新。随着社会不确定性的增多，治理系统所面对的风险原因和属性发生了变化。由于现代化是以理性化为标志的一个时代的精神，社会是可以理解的，也是可以设计的。因而现代科学技术的应用为行动者应对不确定性提供了便利，在基层，现代化也就非常迅捷地演化为治理工具与治理手段的更新。如某县在9个乡镇安装500多个监控摄像头的行为，着力打造全方位、全天候、立体式人防、技防、物防"三位一体"的综合防控体系。因此，无论是网格化管理服务中心的信息库建设，还是基层便民服务中心办公条件的改善，甚至是乡镇、街道办事处内部监控体系的建设，毫无例外均是利用现代化的技术工具。

但是，过于偏好现代化的技术应用，却可能排斥治理现代化转型对"参与"与"协商"的价值诉求。这种价值理性的缺失，从笔者对基层干部的访谈中可见一斑：当问及城市社区治理的问题与困难时，他们普遍关注的是管理软件的更新成本以及居民的流动性，一个是经费问题，另一个是管控的便利问题。从中不难看出，基层行政人员对治理现代化的理解常常止于技术更新，他们更关心技术如何更新以及管控水平如何提高，而对治理现代化价值层面的考虑甚少，也缺乏行动自觉性。对社会治理现代化的这一技术主义理念认知的误区，源于基层工作人员的认识偏差。由此可见，其尚未意识到治理现代化转型本质上是一种社会重塑过程。这一理念偏差，会逐步销蚀社会发展和治理现代化所要求的价值内容，弱化社会组织按照治理民主与参与共治方向进行自我调适的能力，长期下去，有可能使治理者丧失为构建现代化协同治理组织体系而努力的历史契机。

三是社会化服务遮蔽中的行政干预主义。在我国，社会治理是指在执政党领导下，由政府组织主导，吸纳社会组织等多方面治理主体参与，对社会公共事务进行的治理活动。但在基层社会治理中，刚性稳定的目标与现代化技术的偏好，却在实践中强化了行政服务的主观性与强制性。为符合"社会化服务"精神，尤其是为契合政府职能转变所要求的"向社会购买服务"，基层政府开始将原本分散的行政职能与部门整合起来，通过建设综合服务管理平台，将具有服务管理职能的综治、信访、司法、计生、民政、社保、组织、市政、建设、工商等部门全部集中到该平台，进行集中办公。这一行为具有跨部门合作的精神，有利于公共事务治理协同性的提升。但是，也不能忽视该行为集中表现为行政权力主观的服务供给。实践表明，其对"社会化服务"需求取向改革的推动作用相对有限。由行政权力主导下的"社会化服务"常常会蜕变为单一的"行政服务"。

行政干预主义观念在基层社会拥有广阔的市场，从而遮蔽了社会发展与社会服务的原初意义。这种行政干预随着专业化和现代技术的应用与发展，呈现出持续扩张的态势。而社会行动者的服务能力、服务需求情况以及组织参与的热情都不同程度地受到抑制，由此势必造成公共服务与公共产品供给的盲目性。对此困局，理论界正在积极倡导以政府购买公共服务机制实现政府公共服务职能的转变。但在实践中，行政权力属性却使得政府购买公共服务异化为购买公共治理，其中的权限困境，造成了购买的难题，同时也实际阻碍了社会组织的正常健康发展。

二、基层治理结构中的角色困惑

治理结构决定着行动者在治理体系中的角色期待与功能配置，基层社会治理结构中行政权力的下移，造成了治理主体结构的交叉重叠，导致治理者的角色认同危机与身份危机。这一情势又被行政体制进一步强化与放大，在治理行为过程中呈现出"行政傲慢"与"行政之恶"的迹象。

一是基层治理权力结构重叠导致的角色困惑。以城乡二元的视角来观察，城市社区治理比较集中地表现出主体角色的身份危机。自20世纪80年代以来，城市实行社区居民自治制度，而随着城镇化的发展，原有的居民委员会面临着巨大冲击，其人员构成的非属地化、管理行为的随机化、管理对象的复杂化，使居委会在面对社区物业和基层政府网格化管理的权力延伸之时，遭遇严重的角色尴尬。回顾网格化管理的历史进程，可以发现，网格化管理原本只是一种技术设计方法，并不必然地带有集权化或分权化的行为特征，然而在实践中，这一方法却逐渐被赋予了行政化色彩。从基层自治的层面来看，这一行为是行政触角的社区延伸，侵占了居民自治的政治空间，这也意味着行政权力在社区层面的技术性渗透。这一过程之中，治理者希望通过行政权力的介入，弥合城市化进程中社区治理主体的空档，继而实现对社区的有效治理。但是，实际效果却差强人意。例如，某市运行网格化管理，其主要工作不外乎是邻里纠纷化解、小区污染治理，而居委会等原有组织完全能胜任此类工作。与之一致的是，在乡村社会也存在类似情况，只是表现的组织载体稍有差异，主要是由基层政府牵头或发动的各种合作社组织，或者具有公司性质的联合体与乡村两委的重叠，造成的治理角色的识别困难，并由角色困惑导致了行为困惑。

二是行政体制结构弊端诱发的行政僵化与盲目。在基层社会治理中，由于缺乏民主和协商治理的有效机制，治理官僚化的趋势越发明显。如某地一份新型城镇化的统一规划，因其未能充分考虑地方民众的基本诉求，在实施中遇到民众的抵制与抗议。这时，尽管基层相关组织积极斡旋，但是，相关行政规划部门仍然僵化地认为，"图纸就这样规定的"。由此可见，高度行政化的统一规划，常常缺乏对实际差异性的考量，由此从一个侧面反映出行政权力过度介入微观治理领域所带来的弊端，表明任何对社会事务进行简单行政管理必然导致行政的僵化与盲目。与此同时，行政体制结构弊端往往又会强化这一问题。正如"地方政府晋升锦标赛"模式所述：行政权力集中与强激励兼容在一起的治理政府官员的模式，其激励官员的目标与政府职能的合理设计之间存在严重冲突，进而成为各种重大问题的主要根源。于是"唯上论"成为基层行政人员理性的选择。

行政体制弊端所诱发的僵化与盲目，实际上源于对社会不确定性的恐惧，这就限制了行政体制对社会治理多样性要求的包容性。而社会发展规律揭示，适度的外部变化可以带来系统的更新，为此，如同控制风险的原则指出的那样，在社会治理的风险管控中，未必需要杜绝风险发生的可能性，而应该寻求与风险共生的互动机制，将风险的损害限制在可以接受的阈值之内。因此，基层社会治理体制机制应该具有充分的灵活性与适应性，具备包容适度冲突的含量，以增强其治理能力。

三是基层治理角色建构中的"行政傲慢"与"行政之恶"。行政人员在角色识别与建构的历史进程中，所呈现出来的官本位与官僚主义倾向，意味着"行政傲慢"的存在。"行政傲慢"会使政府陷入控制导向的思维窠臼之中，在社会治理创新的主题破题之时，需要终结政府的社会控制导向，而政府能否放弃社会控制的思路，又取决于政府对"行政傲慢"的根除，只有当政府不再有"行政傲慢"的心态和行为，才会放弃社会控制。遗憾的是，基层行政人员偏好于对社会的控制。当"行政傲慢"带来实质性伤害的时候，就呈现为"行政之恶"现象。"行政之恶"借助社会角色的结构化与技术理性的张扬，倾向于在使人们遭受痛苦之后，视自己的行动为必要，或服务于一个更高的善，来将自己的负面行动正当化，通过"道德错位"来转移"恶行"所带来的愧疚与负罪感。如某地便民服务中心的建设过程中，采取视频监控、指纹识别等技术对基层工作人员进行全方位的监控与管理。这一手段提升了基层领导者的管控能力，但却不同程度地侵犯了私权。然而，一旦打着"治理现代化"的旗号，它也就具备了合法化的外衣。因为现代化的主旋律是强调技术理性的价值，当遇到官僚与组织时，其结果就是人们无意识地倾向于服从权威，推崇技术进步以致使其超越人类价值与尊严。回顾治理现代化的历史进程，"（虽然）我们不再相信上帝或大小神明能够管理未来事件,却代之以一种更具宗教激进主义色彩的信念:无条件地相信科学预测,不管在什么领域;我们成功地将宗教信仰转化为对任何伪装成科学的理论或结论的轻信"。只要披上科学的外衣,一切都可以成为现代的"神"。这种对极端现代主义的信仰织就了"行政之恶"的制度外衣。一旦管理与科学结合,就意味着它具有了中立性和权威性,而不用负担更广泛的社会责任,对科学的信仰使管理的技术统治论获得了合法性。

三、基层治理现代化创新策略的前瞻性筹划

制度与行为的关系在于人们选择的是能使其预期效用最大化的策略,而制度通过作用于预期效用的计算来对社会结构产生影响,其中的关键在于社会制度对社会预期的一种稳定功能。制度对社会预期的稳定性为我们思考如何扭转基层治理理念与官僚结构的惯性,改善基层治理状况,推进治理现代化进程提供了积极的视角,具体来说有以下三个策略维度。

一是以"社会嵌入"替代"行政渗透",推进社区共同体的重建。严格的控制往往事与愿违,在社会治理过程中,需要区分社会秩序的稳定类型,尤其是"伪稳定"与"弹性稳定"。行政权力主导下的稳定大多具有前者特点,从而忽视了"隐性的长期脆弱性"。纵观乡村社会的发展,不难发现,传统意义上的家族共同体早已弱化,特别是税费改革后土地的差别占有制度化之后,村社共同体的产权和财权被剥夺,事权和治权也随之弱化,由集体经济所支撑的村社共同体也日渐瓦解。在此情境下,如何有效地重新实现基层社会的组织化,笔者认为不宜再过度地依赖行政权力的进一步延伸,而要依靠基层社会自组织的力量。通过社会力量的制度化参与,推进社区共同体的建设,以社会嵌入的方式对治理的行动者系统进行多元主体的优化。特别是,随着网络社会的到来,多元主体分享的能力、与他人互相合作的能力,都来自传统机构和组织的框架之外,于是社会自组织行为更易发生,同时批评性的、积极的公民品格是建立可行的协商民主过程不可缺少的关键因素,以协商治理作为社会治理的重要机制,以协商机制实现社会治理中听群言、集民智、增共识、聚合力、促和谐的功能,达成促进科学决策、民主决策,推动基层协商民主的发展。

另外,受财权的限制,基层社会事务的治理缺乏必要的经济激励能力,所以在基层社会推行社会事务的协同治理,更有着积极的现实意义。基层治理存在良好的社会参与空间,只要行政权力规模适度地收缩,自然可以实现社会力量有序地嵌入。这种社会行动者的自组织性、参与性、公民性"或多或少地明

确提及公正和合理的道德概念，以期在他们努力通过别人把事情办妥的同时，形成一套非强迫性的契约方法"。这就意味着自组织行为有助于提升治理系统的协同性，并进而将"行政之恶"的隐蔽性有效地消除。

二是以科学理性与社会理性的辩证，推动治理理念的现代化转型。基层社会综合治理与平安建设固然重要，围绕这一目标而进行的各种努力，其价值毋庸置疑。然而治理现代化更大的意义，在于最大程度地增强社会发展活力。在城市社区、乡村社会中，也意味着要培育自由合作的环境，使社会意愿可以自由平等地表达。

基层社会治理理念的现代化转型，要跳出管制思维的窠臼，培育自由合作的场域，让社会价值得以充分彰显，继而在价值理性与技术理性二者间寻找到合适的平衡点，也即在科学理性与社会理性二者间寻找到行政理性的契合点。"（虽然）科学理性和社会理性是分裂的，但它们同时保持着互相交织、互相依赖的状况，没有社会理性的科学理性是空洞的，但没有科学理性的社会理性是盲目的。"只有客观地分析科学理性与社会理性，才能够使技术的应用不会蜕变为对民众、工作人员的"驾驭工具"。正如密尔所言，"一个国家若只图在管理技巧方面或者在事务细节实践上所表现的类似的东西方面稍稍较好一些，它终将看到，它不惜牺牲一切而求得的机器的完善，将一无所用。"行政理性必须在科学理性和社会理性二者的相互建构中寻找到博弈均衡点，"行政傲慢"的存在恰恰就是因为行政人员通过科学技术理性的推进，有意无意地忽视了对"社会理性"的考虑，从而织就了由工业社会技术理性所遮蔽的"行政之恶"。在全面深化改革的历史时期，"蛋糕"不断做大了，同时还要把"蛋糕"分好，这就更需要把权利公平、机会公平、规则公平为主要内容的社会公平正义并列为根本价值取向，以效率与公平的协同并重和有机结合作为政府全面转变与履行职能的价值取向，推进治理理念的现代化转型。

三是以"合作性权力"修正"行政—政治—公司"的角色建构模式。随着乡镇企业的由盛入衰，以及城镇化运动的推进，基层社会的经济发展与治理方式发生了极大变化。有学者认为，基层治理逐渐呈现为一种"行政—政治—公司"三位一体的统合治理模式，"政府不再直接举办经济实体，而是利用行政权力和土地等资产权力经营'项目'从中获利，三位一体的机制使得县域政府的权力、意志和绩效互为促进，形成统合治理的局面"。在该治理模式下，基层政府不由自主地蜕变为市场中的一员，参与到与民逐利、与民争利的过程之中，并且通过其对权力的"合法"应用，自然地排除掉其他潜在的竞争者。于是，基层社会网格化管理的实施方案与便民服务中心的建设，就更容易演变为行政权力的延伸，自然无法有效地激发与调动社会组织的活力。

这一趋势不仅与治理现代化的历史进程相违背，而且也与新的科技革命的发展相违背。纵览行政国家发展的历史进程，行政权力逐步扩张的治理格局，可以说，其根源于第二次工业革命中的科学技术理性。在工业社会中，"（其）组织技术方式，势必演化为极权主义"，行政权力的傲慢与统一规划、强制命令的思维就具备了坚实的理论基础。但是，随着第三次工业革命的推进，社会的组织方式与组织路径都将发生一系列变革。"第三次工业革命将打破第二次工业革命所确立的自上而下的结构这一传统，使社会向合作和分散关系发展，使原有的纵向权力等级结构向扁平化方向发展。"在这种社会合作发展的情境下，传统金字塔式的权力组织结构将会让位于以社会为基点的扁平化的组织体系。尤其是互联网技术所催生的"合作性权力"将从根本上重构人与人之间的社会互动关系。这一合作性权力在基层社会将发挥出积极的作用，对诊治由"行政傲慢"与"行政垄断"所造成的"社会溃败"有着积极的作用。在合作性权力内生动力的推动下，社会合作模式将对行政主导模式构成强大的外部压力，从而最大程度地约束行政权力的扩张，避免行政的僵化与盲目。通过打破由技术官僚所独享的权力体系，改变"行政—政治—公司"的角色结构；通过权力、资源与信息的分享与合作，实现"政治—市场—社会"三者的对称性参与。

综合来说，国家治理现代化的基础是治理理念的现代化，而现代化技术手段的应用只是提升了政府部门的管控能力。国家治理现代化的核心是对治理结构进行相应的调整，以适应治理变革的需要。在此过程中，基层政府应具备适当的自主性，以便更好地发挥治理的灵活性。公民群体、社会组织的有序参与，也将有助于塑造良好的具有批评精神的公民人格，其参与诉求与协商渠道应有制度性的保障，以此推进基层社会事务的协同治理，继而在基层社会的微观基础上，全面推进国家治理现代化的历史进程。

第五节　基层社会治理的创新范式与关键要素

基层社会治理越来越受到党和政府以及社会各界的高度重视。与此相适应，在基层社会治理中进行社会创新已经成为国内许多地方探索新型社会治理模式的重心，这在一定程度上表现出国家与社会创新发展的成果，有力地促进了国家治理体系和治理能力现代化建设。

一、对基层社会治理的基本认识

（一）理解基层社会治理的基本内涵

基层社会治理是社会治理的基石，也是国家治理体系中最为基础的部分。正确理解基层社会治理的概念内涵是进行社会创新实践的基本要求。基层社会治理是相对于社会治理的概念而建立的，核心在基层二字。一方面是指地方政府行政区划下的社会治理。一种观点认为，城市区级和农村县级（统称"县级行政区划单位"）被作为区分基层与非基层的标准。另一种观点认为，城市的街道办事处、农村的乡镇，统称为"乡级行政区划单位"，才是区分标准。两种观点都把街道和乡镇以下的区域治理定义为基层社会治理。另一方面是基层社区组织治理下的社会范围。无论城市还是乡村，基层社会治理都是以居（村）民委员会的组织辖区，即社区作为治理范围。基层政府（区、县和乡镇政府）及其派出机构（街道办事处）作为指导单位也深度介入社区工作，社会力量的参与也往往是以社区作为基层来理解的。因此，基层社会治理是以社区（村）为基础，以街道、乡镇为单元的治理范围，处于国家建设和社会发展的基础性地位，其有效运行构成了整个国家和社会治理的基础。

基层社会治理主要承载三类活动内容：一是社区的自我管理与服务，组织社区内部活动，解决各类矛盾纠纷，并通过内部资源整合实现对社区个体和组织的有效支持；二是社区的行政类公共服务，通过政府及其派出机构指导、支持和帮助自治组织或公共事务组织来实现，保证政府的各项政策进入社区和家庭，提供相应服务并获得居民认可；三是社区盈利性商业服务，由商业服务类组织提供社区生活服务，保障社区作为生活共同体的顺利运行。

（二）传统基层社会治理的组织分析

城市与乡村社区的内部普遍存在五类组织，其通过协商合作参与社区治理。一是社区党组织。社区党组织是党开展社会工作的基础，也是开展党的活动的基本单位，更是党联系群众的桥梁和纽带，在社区治理中起到了领导核心作用。二是社区自治组织。广义上包括居（村）民（代表）大会、协商议事会和居（村）民委员会。按照议行分设的原则划分出决策、议事和执行的分工，并利用居民小组和楼门组长等形式，搭建起社区自治的组织网络。三是社区社会组织。这既包括按照法律法规建立的业主委员会，也包括社区的各类文艺和志愿服务团队。四是公共事务组织。它区别于自治组织，提供行政类公共服务代理工作，为社区居民提供服务，如社区警务室、就业服务站、卫生服务站和文化活动站等。

五是生活服务组织。其开展盈利性的商业活动，以满足社区居民日常的生活消费需求。

在我国，传统的社区治理体系是以党组织为核心，以社区自治组织为依托而建立和运行的。由于种种原因，传统社区面临着解体的风险，社区自治组织的行政化趋势愈加明显，处在"实现自我治理"与"协助行政管理"的困境之中。

（三）新型社区治理体系呼之欲出

伴随着新技术的发展和国家治理理念的提出，以居委会为唯一社区自治组织的管理体制受到了挑战。在党和政府提出社会治理创新的大背景下，各类社会组织和经济组织纷纷参与社区的治理，新型的社区治理体系呼之欲出。

在新型的社区治理体系中，以党组织、自治组织、经济组织和社会组织为代表的"四轮驱动"模型日益清晰。组织之间分工协作，党组织领导和协调，经济组织支持和参与，自治组织和社会组织贯彻执行。群众和各类组织共同监督基层各项事务的运行，实现自我服务、自我教育、自我管理和自我监督的目标。基层政府及其派出机构应当做好服务和引导，做好协调和协作，评价和支撑，如提供各类组织开展正常社区工作的人力、财力和物力资源，协调不同部门在社区开展的工作，委托专业机构（学术机构、专业社会组织等）做好面向基层群众的服务需求和效果调查，结合本地区的发展特点为可持续的社区建设提供规划和保障等。上级政府则要提供推广社区建设成果的必要资金和物质支持，做好规划和表彰工作，在创新实践的基础上总结经验，积极推广。

二、基层社会治理的创新范式

（一）技术创新范式

科学技术的发展已经深刻影响到社会治理的方方面面，也不断植入基层社区建设中。一方面，技术创新已经成为基层社会治理的重要手段。只有充分利用技术创新的力量，有效地支撑新形势下的社会治理，才能更好地构建新型社区治理体系，实现社会治理的共治与善治。另一方面，技术创新也需要适应新型社区治理体系，甚至"迁就"传统治理方式，因为社会创新的根本是观念创新，它需要一个适应的过程。

面对和解决社区治理问题，社区组织必须在其他组织，特别是基层政府和派出机构的配合下协作完成。既然要配合，就必然存在信息沟通与协调。如果信息不对称、不共享，就会导致工作不协调、不高效，增加解决社区治理问题的难度和成本。所以，基层社区治理迫切需要技术创新的支撑，但目前的发展环境还尚待优化。经过多年建设，基层政府、派出机构及社区居委会的信息化基础设施逐步改善，面向社会公众的便民服务能力有了较大提升，但由政府主导的社区信息化建设在协同性上明显不足，社区居民无法充分利用电子政务和社区信息化的成果。当前，党和政府提出了"互联网+"战略，这无疑为基层社会治理创造了一个实现跨界合作的机会，让技术创新服务社会治理创新，治理创新引领技术创新，让社会治理从 DIY 到 DIT，构建全社会积极参与基层社会治理的发展环境。

（二）服务创新范式

为了响应党和政府提出的创新发展的号召，基层社会治理中的服务创新渠道越来越多，内容也越来越丰富，参与的主体从过去以政府和社区组织为主，演变为公益组织、社会企业和商业企业积极参与的多元格局。

基层社会治理不仅是行政类公共管理，还包括广泛的社会与商业服务。传统的社区服务将社区弱势群体作为服务对象，更多地强调公益性和非营利特征，使得市场主体缺乏参与社区服务创新的积极性。随着社区多元治理意识的觉醒，特别是政府购买（委托）社会服务政策的全面落实，对弱势群体的扶助也不再局限在公益组织（非营利组织），服务好、口碑佳的企业也积极参与。此外，社区作为未来商业市场已经逐步被重视，特别是社区 O2O 和农村电子商务的兴起，让社区居民所需要的各类产品与服务，如打车、送餐和养老等都能够以商业服务的方式进入社区。这些服务实现了公益与商业的有效结合，推动了新技术、新产业和新业态的发展，保障了社会创新的可持续性，也为社会治理结构的优化升级提供了条件。

（三）组织创新范式

社区治理的组织创新主要体现在如何发挥社会组织和经济组织的积极性上。社会组织和经济组织作为独立法人，具有为社区治理提供创意设计、组织执行、评价考核和资金募集等方面的优势。大力发展专业化、职业化和公益性的社会组织，扶持一批公益性导向的经济组织（社会企业），可以提升社区群众参与社区治理的积极性，充分发挥经济组织在资金、人才等方面的优势。在剥离市场性经济活动作为独立法人实体活动时，将参与社区治理的部分企业按照新型的社会企业模式进行改造、升级，使之成为社区建设的重要一极。

在社区服务的组织提供上，首先要委托专业机构将社区基本公共服务划分为行政服务型、公益服务型和市场服务型三大类，并与政府服务、社会组织服务和商业企业服务相挂钩，明确服务的提供方法和实现机制，从服务方式角度考虑服务的可达性。其次要加大支持力度，对由社会组织提供的服务按照政府购买（委托）的方式投入，对市场化的服务按照经济补偿服务商的方式投入，解决服务覆盖范围不足的问题；加强监督和考核，按照严格和规范的制度设计要求，委托第三方不间断地对三种类型的服务供应方进行考察，对社区居民进行访问调查工作，保障和引导服务的切实执行。

三、基层社会治理创新的关键要素

（一）社区党组织在社会治理创新中的核心作用

在各地的基层社会治理实践中，社区党组织在上级党组织的领导下，在社区范围内宣传、贯彻党的路线、方针、政策和国家法律法规，团结组织党员和群众完成社区各项任务，支持和保证社区自治组织依法自治，履行职责，并做好思想政治工作，发挥党员先锋模范作用，在社区治理中起到领导与核心的作用。

在城市社区实践中，将过去由居委会、社区服务中心（站）所承担的部分职能让渡给各类社会组织，以增强社区自发性、公益性和区域性力量参与社区治理的积极性。在这一背景下，社会治理创新迫切需要党组织发挥其领导核心作用，发展基层民主，促进社会公平正义，进而维持社会稳定和可持续发展。坚持社会组织党组织的政治核心地位，就需要充分发挥党的政治优势和组织优势，把党的领导与社会组织依法自治统一起来，把社会组织自身发展与创新党组织工作内容和活动方式结合起来，促进社会组织健康有序发展，推进国家治理体系和治理能力现代化建设。

（二）科学技术发展成为社会治理创新的推动力

科技与社会的融合，特别是信息技术的应用创新与快速普及，已经极大地影响了社会治理发展。科技发展既是不可或缺的重要工具，也是社会治理创新的推动因素。信息时代降低了大众获取信息的门槛，这一方面促进了组织结构的多样化，实现了信息传播的网络化，为包括信息在内的社会资源的共享创造了可能；另一方面也让信息选择成为每个个体必须时刻面临的问题，获取信息的途径日益增多且彼此冲突，信息的真实性、合法性和可靠性困扰着每个人和群体，引发了诸多的问题。对基层社会治理创新而言，所有这些既是挑战也是机遇。

借助互联网和信息技术,个人、政府和社会组织能够迅速发现、合并和管理不同来源的信息源,管理和决策的准确性进一步提高,使精细化服务、个性化服务获得可量化的支撑,并利用社会支持系统得到落实;信息资源与业务流程的结合,保障了社会资源配置更为平衡、公平,推动组织结构从科层制的"金字塔"形不断地"去(传统)组织化",进而衍生出形形色色的社会组织模式,如"众包""众筹""众创"和"众扶"等,最终产生新的社区参与和发展模式。

(三)人的能力建设是基层社会治理创新的保证

社会治理创新的主体是人。基层社会治理的过程就是发挥个人和社群的力量,实现基层社会和谐发展的目标,促进人的全面发展。提升全民参与公共事务的能力是实现基层治理创新的基本保障和必然要求,而这方面的宣传与教育工作明显不足。提高公民综合素质的目的之一是让更多的人科学、理性地参与社会治理,特别是具体处理实际问题、参与公共事务活动,要做到这一点,无疑需要加强基层治理创新,通过共同治理的理念,让更多的服务进入社区,带入家庭,来到社区百姓身边,进而促进人的全面发展,实现可持续的良性治理。

第三章　中国基层治理的实践研究

第一节　基层治理的现实困境及法治化实践

在我国法治进程中，党中央确立了"全面推进法治国家"的战略部署。这一战略部署的实施必须以基层为基本载体，把基层作为重中之重。基层作为国家和社会的重要细胞和组成单元，直接影响着法治国家建设的推进步伐，并制约着国家治理体系和治理能力现代化的实现程度。"全面推进法治国家"要求"推进基层治理法治化"。本节通过梳理社会转型背景下基层治理的矛盾和问题，剖析基层治理偏离法律制度安排的内在原因，探讨基层治理的基本路径和基层治理法治化的具体步骤，从而为我国法治国家建设提出可行性建议。

一、社会转型变迁背景下基层治理面临的矛盾冲突

改革开放以来，我国基层发生了翻天覆地的变化，但我们也清醒地看到，基层群众各种需求愿望日益增长、基层各种矛盾纠纷不断增加、基层社会建设薄弱环节较多、基层治理任务艰巨繁重。基层治理的现实实践与法律制度安排的设计理想差距甚远，基层治理的实际运作遭遇种种难题和挑战，出现了一系列突出的矛盾和问题，突出地表现为以下"三个不协调"。

一是基层政权与基层群众性自治组织关系不协调。基层政权是我国最基层的政权组织，是中共执政的基础层级。基层群众性自治组织是基层群众实行自我管理、自我教育、自我服务的社会组织。根据村民自治制度的规定，乡镇（街道）与村（社区）之间不是科层制意义上的上下级行政隶属关系，而是平等的、相对独立的"指导—协助"关系。然而"村治"在实施中相当程度地体现了"乡政"的意图。一方面，乡镇（街道）向来就把村（社区）当成自己的管理辖区，辖区内的一切事务包括民主选举、重大决策、公共事务、基础设施建设、各类

补贴资金分配、民生事项办理等都应该由他们说了算,对村(社区)安排部署工作,向来都是命令加强制,以实现党对基层的领导和执政。另一方面,乡镇(街道)作为一级政权,具有一定的行政管理职责,拥有很多行政审批权限,村(社区)群众要申请五保供养、农村低保、临时救助、社保服务、新型农村合作医疗、高龄老人津贴、各类惠农补贴,办理土地证、宅基证、准生证、户口本、新生儿入户、户口迁入迁出、残疾证、学生入学转学、党员组织关系接转等事项都需要经过乡镇(街道)批准,村(社区)委会和群众在思想认识和惯性思维上一直把乡镇(街道)当成他们的上级和领导。

二是基层党组织与基层群众性自治组织关系不协调。基层党组织在发挥党的作用、贯彻党的路线方针政策等方面具有举足轻重的地位。在组织功能上,基层党组织是基层各项工作的领导核心。基层群众性自治组织是基层群众选举产生和认可的自治组织,在组织功能上,负责具体行政事务。按照党内法规和国家法律法规界定,基层党组织和基层群众性自治组织之间是一种"领导—被领导"的协调关系。作为领导者,基层党组织要支持和保障基层群众性自治组织依照法律规定独立负责地开展活动,行使自治权;作为被领导者,基层群众性自治组织要自觉地把自己纳入基层党组织的领导之下,在其领导下开展好各项工作。然而在乡村治理的实践中,村(社区)党支部片面认识坚持党的领导核心这一概念,过于强调自己的领导地位,不尊重村(居)委会的自治权力,包揽一切大小事务,横加干涉属于村(居)委会职责范围内的事务。而村(居)委会片面强调自治权力,认为自己是群众依法按程序选举出来的,是群众的真正代表,不认同党支部的领导,对党支部的重大决策不执行不贯彻,甚至抵制对抗。

三是基层群众性自治组织与基层群众关系不协调。在基层治理实践中,基层群众不信任基层群众性自治组织,不信任基层干部,党群、干群关系紧张,主要表现在以下几个方面。第一,受基层政权、利益博弈、宗族势力等因素影响,指定选举、贿赂选举、强迫选举现象时有发生,民意得不到正常表达,致使乡村民主选举的公信力下降。第二,有的基层干部把手中掌握的公共权力当作谋求个人私利的工具,以权谋私,权钱交易,行贿受贿,贪占公物,摊派费用,克扣补偿,强夺民财,严重侵犯群众合法权益。第三,有的基层干部作风粗暴,横行乡里,凭借宗族势力和裙带关系,目无法纪,随心所欲,引起群众的强烈不满。其四,有的基层干部为了追求"政绩",急功近利,工作浮躁,大搞形式主义、短期行为,对重大事项独断专行,听不进意见,对重大项目缺乏论证,仓促上马，严重侵犯了群众利益，给集体利益造成重大损失，甚至由于征地拆迁补偿等原因酿成群体性事件，造成极其恶劣的社会影响。

二、基层治理困境成因的法律分析

从现代行政和法律规制的角度来分析，造成基层治理中出现上述偏离法律制度安排和矛盾冲突的原因主要有以下几点。

（一）基层治理的立法与基层社会发展的现实需要不相适应

首先，在基层现实中，"城乡二元分治"的法律制度安排给基层社会带来了许多障碍和制约，有的制度安排带有根本性和全局性，如户籍制度、所有制、分配制度、税赋制度、教育制度、医疗制度、劳动就业制度、社会保障制度等，成为造成目前城乡巨大差距的罪魁祸首，成为基层群众对国家制度不满和心理失衡的重要说辞，也成为引发基层社会矛盾冲突和不稳定问题的重要原因。其次，基层党组织是基层党内选举产生的，其职责权限是党内法规赋予的，由于党内法规和国家法律法规的不衔接，造成基层党组织与基层群众性自治组织的法律关系界定不清楚，职责权限配置不规范。再次，基层群众自治制度是我国最具特色和最有成效的自治制度，极大地推进了中国基层民主政治的发展。但在现实中也表现出一些不够完善和不能适应基层社会发展需要的情况。如民主决策、民主管理、民主监督的具体程序规范还不健全。最后，关于基层社会领域的法律规范还不完善，特别需要加快和完善在治安综合治理、贪污腐败、公共安全、环境保护、家庭暴力、矛盾纠纷化解等方面的立法。

（二）基层政府依法行政能力不强

当前，中国基层治理存在的突出问题集中表现为基层政府的治理思维、治理方式与基层经济社会发展的多元化、多样性构成了现实的或潜在的对立、矛盾和冲突。基层政府承担着发展经济、城镇及农村（社区）建设，维护社会治安稳定，保障和改善民生等所有上级安排的工作事项和行政管理职责。受官本位思想的影响，面对繁重复杂的工作任务，为了追求行政效率和迎合上级领导，个别基层政府的治理思维和治理方式还仍然处于传统的"命令－服从"治理模式，凡事以行政命令强制推行。此模式以社会秩序为价值取向，"压制"是它最为核心的机制。基层行政的依据主要是上级的政策、命令、指示和决定，行政决策也多是行政首长主导，走走内部形式程序，基本上没有建立公民参与、专家论证、风险评估、合法性审查等规范化、制度化的行政决策程序和机制。基层执法司法人员普遍水平能力有限，执法队伍有待充实，执法机构权力重叠问题依然突出，执法追责机制没有建立，执法程序不规范问题表现明显，甚至知法犯法、以言代法、以权压法、徇私枉法。

（三）基层政府给付行政能力不足

随着经济的快速发展和社会转型变迁，基层群众的思想观念、生产生活方式发生了深刻变化，价值追求日益多元，民主法治意识增强，对生活条件改善的愿望越来越强烈，对精神文化的需求越来越多，对公共管理和公共服务的要求与标准越来越高，尤其是进入21世纪之后，政府管理的事务越来越多，对公民"由摇篮照顾到坟墓"进行全程的管理和照顾。这时政府的"生存"照顾不再限于公民危机情形下的救助，还包括公共产品的供给和公共服务的提供，通过社会保障避免公民基本生活受到影响。这些给付行政又称为福利行政，对改善公民的生存状况、提升公民福利具有重大作用。现代行政的主要标志就是给付行政，但现实中的乡镇政府将主要精力和大部分资源集中在了执行上级各种指令、完成上级确定的各项目标和重点工作任务上，疲于应付各种检查、考核，全力维护信访稳定。尤其是近年来在经济发展和维护稳定的双重压力下，农村基层政权面临着权力"悬浮"、"维稳"异化、"与民争利"的现实困境，从而导致当前基层治理的方式和能力显然满足不了基层群众日益增长的物质文化生活需要和期盼。

（四）基层群众性自治组织自治能力不够

基层群众性自治制度为基层治理勾画了基本框架，有力地规范和推动了以基层群众自治为核心的基层民主发展。但是，在基层民主治理实践中，基层群众自治制度仍存在一些缺陷和不足，基层民主决策、民主管理、民主监督形式主义严重，具体程序不完善，落实保障、责任追究和救济机制缺失，基层群众自治难以真正实现。第一，民主决策是群众自治的集中体现和中心环节，也是实现科学决策的提前和基础。但事实上，民主决策制度规定得不到落实，重大决策事项群众很少能够参与进去，民主集中制原则形同虚设，集体决策权被异化和取代。第二，民主管理是群众共同参与公共事务管理实现自治的关键环节，但在基层实践中，有的村（社区）自治章程和村规民约缺失或形式化，有些村（社区）事务管理既不让群众参与，也不向群众公开。第三，民主监督是制约行政权、维护群众利益、实现群众自治的制度保障，但在基层，民主监督机构形同虚设，受制于群众性自治组织，受制于个别干部，不能代表和反映群众诉求，不能有效发挥监督作用。

三、法治化是破解基层治理困境的根本路径

作为治国理政的基本方式，法治是中共认识人类社会发展规律的理论结晶，是探索和把握社会主义建设规律后形成的基本共识。按照法治发展的阶段性和渐进性，可以把法治划分为两种类型，即国家法治和地方法治。社会主义法治国家建设，离不开地方法治的具体实践。为全面推进依法治国，必然要求鼓励并支持地方法治化，通过"先行先试"探索和创新中国特色社会主义法治发展模式。基层治理是国家治理的重要组成部分，也是国家治理的最大难点。法治化是国家治理的根本路径，也是基层治理的根本路径。

基层法治建设是我国依法治国方略的基础，直接关系到国家法治的成败。但从我国的国情来看，推进基层法治是一项长期而艰巨的任务，不可能一蹴而就、一劳永逸。我们党和国家始终十分重视基层法治建设。自改革开放以来，尤其是从我国将依法治国作为基本治国方略以来，基层法治建设推进速度不断加快，基层法治建设成效显著。具体表现在以下几个方面：修订完善了《中华人民共和国地方各级人民代表大会和地方各级人民政府组织法》《中华人民共和国全国人民代表大会和地方各级人民代表大会选举法》《中华人民共和国全国人民代表大会和地方各级人民代表大会代表法》《中华人民共和国村民委员会组织法》《中华人民共和国城市居民委员会组织法》等法律法规，相应的地方性法规也进行了修改完善，基层民主法制建设已经形成体系，为依法进行基层治理提供了坚实的法律保障；基层群众自治制度不断完善，基层民主选举、民主决策、民主管理、民主监督制度框架已经形成，随着基层群众自治组织数量的增加，基本实现了自治组织全覆盖，为推进基层自治提供了重要保障；建立了覆盖城乡基层的社会保险制度，合作医疗制度，社会救济救助制度，老年人、妇女、未成年人、残疾人权益保障制度，社会治安、社会组织、流动人口、特殊人群、食品安全等公共安全管理制度，土地承包经营、土地征收、房屋拆迁、劳动纠纷、环境保护等社会矛盾纠纷调处制度，为促进基层和谐发展、维护基层安全稳定起到了重要的作用；公检法司等行政机关逐步建立健全基层派出机构，为基层群众维护合法权益提供了较好的司法服务。

总的来说，自改革开放以来，随着有关基层法律法规体系的形成，基层治理的法律实践不断丰富，我国基层治理开始步入制度化、法治化的轨道。但用客观的眼光、理性的思维、法治的理念来看基层实践，目前我国基层法治建设与依法治国、建设社会主义法治国家的目标和要求相比还有一段距离，基层治理的法治化水平还比较低，还存在不少问题和不足。一是在立法方面，在基层

社会领域中尚存诸多法律空白点，由于法律法规的调整，相应的法律关系主要依靠制定政策和规范性文件来规范；由于部门利益和地方利益作祟，或者受地方立法能力和水平限制，下位法与上位法相冲突现象仍然存在；有些法律法规或者其中的有些具体条款已经不再适应基层经济社会发展和基层治理的现实需要，亟待尽快进行"立""改""废"；在民主选举、民主决策、民主管理、民主监督方面，基层探索出很多好的做法和经验，但是，对此只是通过规范性文件予以规范化和制度化，还没有上升为法律规范。二是在行政执法方面，由于我国行政管理体制改革不到位、基层政府职能转变不到位、基层法制机构不健全、执法人员素质相对较低、执法力量相对薄弱、执法经费不能得到有效保障，加上受传统管制思维和行政方式的影响，基层政府依法行政能力不强，违法行政、随意执法等问题突出。三是在司法方面，基层司法机构还没有实现全覆盖，基层司法队伍力量不足问题突出，基层警力和法官、检察官配置严重短缺，难以适应新的法治形势发展需要，难以确保办案质量。四是在法治意识方面，基层干部整体上人治思维和官本位思想仍很严重，按制度办事、依法行政的意识淡薄，习惯于"上有政策下有对策"，习惯于采用"土政策""土办法"，讲人情，搞变通，甚至有法不依、知法犯法、执法犯法、徇私枉法。基层群众文化水平总体较低，习惯于遇事找关系、走门路，遇到纠纷和冲突，不能够正确运用法律手段依法维权，要么忍气吞声不维权，要么"信访不信法"，越级上访、缠访闹访，甚至采取极端手段和方式，造成群体性事件，走上违法犯罪的道路。

四、实现基层治理法治化的理论逻辑和着力点

对于法治化，既可以从国家维度来界定，也可以从基层视角来解读。从基层来看，所谓基层治理法治化，就是在"依法执政、严格执法、公正司法、全民守法"目标指引下，依法管理基层的一切社会活动，依法规制基层社会主体的所有行为，使基层社会管理纳入规范化、法治化轨道，完善基层治理体系，提升基层治理能力，最终实现基层治理体系和治理能力的现代化。要实现基层治理法治化就必须理清理论基础和逻辑关系，找准着力点和努力方向。

（一）坚持党的领导、群众自治、依法治理的有机统一

第一，党的领导是基层群众自治和依法治理基层的根本保证。党的十八大报告要求健全基层党组织领导的充满活力的基层群众自治机制。党的基层组织是党全部工作和战斗力的基础，是基层最广大群众利益的代表，是带领基层群众实现自治的核心决定力量，基层群众自治离不开党的领导，没有党的领导，

基层群众就无法成立自治组织，自治组织成立之后，仍然需要坚持党的领导。党的政策是制定法律的指导方针，法律是党的政策的具体体现，有关基层治理的法律是在党的领导下集中人民意志、按法定程序制定出来的，法律的实施也是在党的领导下靠党的政治优势和强制力来提供保障的。第二，基层群众自治是社会主义民主的本质要求，是坚持党的领导和依法治理的基础和目标。党的领导就是要领导和支持人民当家作主，就是要保障人民群众依法管理自身事务，维护和实现人民群众的根本利益。如果党的基层组织不支持群众自治，就背离了党的宗旨，就违背了党的执政目的。基层群众要实现自治就要依法进行，按法律办事。第三，基层依法治理是坚持党的领导和群众自治的基本方式与重要途径。党在基层的领导主要通过执政来实现，执政就必须依法进行，不依法执政，就违背了党的宗旨。基层群众自治并非无所约束的自治，基层民主选举、民主决策、民主管理、民主监督也必须按照法律规定的途径、方式和程序来实现。

（二）坚持基层法治型党组织、基层法治政府、基层法治社会一体建设

国家治理体系，按照主体分类，包括政党治理、政府治理和社会治理；按照层级分类，包括国家治理、地方治理和基层治理。国家治理现代化的核心要义是国家治理法治化。从国家层面来讲，治理法治化就是要坚持法治政党、法治政府、法治社会一体建设。从基层来讲，基层治理法治化就是要坚持基层法治型党组织、基层法治政府、基层法治社会一体建设。

1. 建设基层法治型党组织

任何组织或个人都不得享有超越宪法和法律的特权，法治政党建设将成为构筑社会主义法治国家的必然要求。建设法治政党就必须将党内法规与国家法律进行协调衔接，确保党组织和个人的权力不能超越法律所赋予的权限；就必须要求各级党组织遵守宪法和法律，坚持依法执政，依法领导立法，依法行使职权。法治政党在基层的体现就是法治型基层党组织。加强法治型基层党组织建设与推进基层治理法治化具有紧密联系、不可分割的辩证关系。加强法治型党组织建设是推进基层治理法治化的重要前提和根本保障，而推进基层治理法治化的过程，就是加强法治型党组织建设的过程，也是加强法治型党组织建设的重要环节和重要推动力量。基层党组织是党在基层的基础力量和领导核心，基层党组织带领基层群众，支持群众自治，管理基层事务。如果每一个基层党组织都能成为法治型组织，那么在基层党组织的领导下，国家法律法规才能

在基层得到有效落实，才能为基层治理法治化提供根本保障，从而建立完备而科学的农村基层党内制度体系，形成制度倒逼机制。

2. 建设基层法治政府

一是基层政府要依法行政。要严格按照法律赋予的权力和职责行使行政权力，基层政府在行使行政权力时，要遵循"职权和职责法定""程序和方式法定"的原则，坚持"法定职责必须为、法无授权不得为"。二是基层政府要科学民主决策。要建立健全群众参与、专家论证、风险评估、合法性审查的决策程序，避免和减少重大行政决策失误。三是基层政府要严格公正执法。要加强基层法治队伍建设，加强基层执法人员培训，提升基层执法人员基本素养和执法能力，严格遵循行政执法程序，探索建立综合执法体制。四是要建设基层责任型政府。要按照权责相一致的要求，健全政府责任体系，完善追究问责和监督制度，实现权责对应、监督用权、违法必究。五是要建设基层服务型政府。要深化改革，转变职能，简政放权，优化结构，创新治理方式，加强基层政府基本公共服务体系建设，切实满足基层群众日益增长的物质精神文化生活需求和利益诉求、公共服务需要。五是要发挥基层人大作用。要强化基层人大监督职能，健全完善监督工作机构和监督手段，充实干部队伍，提高工作人员素质和能力，促使基层政府权力运行更加规范、决策更加科学民主。

3. 建设基层法治社会

一是要理顺基层政府与基层群众自治组织的关系。推行基层政府"权力清单"和"责任清单"制度，明确基层政府及其派驻机构的权力范围，厘清基层政府与群众自治组织的权力边界。二是要提高基层群众自治能力。进一步完善基层群众自治治理结构并构建新型自治体系，以基层党组织为领导、以基层群众自治组织为主体，吸纳社会各方广泛参与。进一步完善居民公约、村规民约，完善细化基层自治制度，探索建立重大行政决策程序，健全完善村务公开制度，充分调动群众监督干部的积极性。三是要培育发展各类基层社会组织。社会组织在党和政府联系群众时发挥着桥梁纽带的作用，是社会矛盾的"缓冲器"和"润滑剂"。培育发展农民合作社、互助组、行业协会等经济合作组织和社区服务类、公益慈善类社会组织，提高群众的组织化程度。从法的演进来看，法也呈现出多元化、社会化的趋势，既有国家的制定法，也存在社会的法，如自制规范、行业规程等。要鼓励各类社会组织制定自律规范，依法加强对基层社会组织的引导和管理。四是要建立多元化的基层矛盾纠纷化解机制，调动各部门、各单位、各社会组织的积极性，建立畅通有序的基层群众诉求表达、权益保障机制，完善统一协调、良性互动、功能互补、程序衔接的人民调解、行政调解和司法调解衔接联动机制。

（三）完善社会治理立法

立法可以将顶层设计法治化，顶层设计可以通过立法而得到法律确认。立法是社会治理法治化的前提，也是基层治理法治化的前提。只有通过立法才能将有关社会治理的科学的合理的顶层设计固定化、制度化、法治化，才能实现基层治理的有法可依。从国家层面来看，有关社会治理的立法应该重点限制公权力，保护私权力，确定公私权力的平衡配置和合理界线，达到公私权力的互相监督、互相制约和有序互动；确立理清各类社会治理主体的法律地位、职责权限、权力义务，进一步明确界定基层党委、基层人大、基层政府、基层党组织、基层群众性自治组织的职权范围和相互之间的法律关系，形成权责明确、科学合理、有序衔接、良性互动的社会治理体系；完善治理的规则机制、利益表达机制、平等协商与协作机制，规范各类社会治理主体的权力运行，建立完善必要的程序规定，以实现治理过程的规范有序；完善各类社会组织自治制度体系，完善鼓励社会组织发展的政策措施，促进社会组织健康持续发展；建立完善鼓励支持各类社会治理主体、社会组织和社会各界在基层建设基础设施和公共服务设施的政策措施，提供公共产品和公共服务的积极性，不断满足基层群众日益增长的给付行政需求；完善基层群众参与基层公共事务决策、管理和监督的机制，畅通基层群众表达利益诉求、维护自身合法权益的渠道，建立健全以人民调解、行政调解和司法调解为支柱的多元化的基层矛盾纠纷化解机制。

（四）加强法治化建设

中国几千年的封建社会历史，造成了"人治"文化根深蒂固，"重人治轻法治""权大于法"的思想挥之不去。政府习惯于传统的压制管理、发号施令的工作方式，群众则习惯于有人管着、找靠山罩着的模式。因此，要实现基层治理的法治化，只靠科学合理的立法是远远不够的，必须彻底扭转"人治"思想，让"法治"理念深入人心，让法治化真正变为现实。但是如何才能让每个人"法治"理念内化于心、外化于行，从根本上来讲，就是要大力弘扬社会主义法治精神，培育社会主义法治文化，推动全社会树立"法治信仰"，让每个人确立以法治为基础的生活方式，自觉尊重宪法法律权威，自觉运用法治思维和法治方式处理一切问题，自觉对照法律规定规范自身言行，自觉按照法律规定办事，自觉拿起法律武器维护自己的合法权益，引导全民都成为社会主义法治的忠实崇尚者、自觉遵守者、坚定捍卫者。

基层治理是我们治国理政的重点和难点，如何才能把基层治理好成为近年来学界研究的重大课题。在依法治国的背景下，法治化为我们破解基层治理难题找到了一条具有根本意义上的方法和路径。"治理革命"催生治理与民主的相互交融，良性互动。基层治理法治化是推进依法治国战略的重要基础，是我国实现治理体系和治理能力现代化的重要内容，推进基层治理法治化在某种意义上可以说是一场"基层治理革命"。在中国特色社会主义政治制度和法律体系框架下，要想保证基层治理法治化顺利推进并达到预期目标，就必须坚持党的领导、群众自治、依法治理的有机统一，必须坚持基层法治型党组织、基层法治政府、基层法治社会一体建设，必须完善基层治理立法，做好顶层制度设计，必须加强基层法治化建设，形成全民共识，凝聚全民力量。

第二节　推进基层治理法治化的地方实践

党的十八届四中全会提出了"坚持依法治国、依法执政、依法行政共同推进，坚持法治国家、法治政府、法治社会一体建设""推进基层治理法治化"，明确了基层治理是国家治理、政府治理、社会治理的重要组成部分。

党的十八大以来，以习近平同志为核心的党中央高度重视法治中国建设，深刻总结我国社会主义法治建设的成功经验和深刻教训，把依法治国确定为党领导人民治理国家的基本方略，把依法执政确定为党治国理政的基本方式；坚持把全面推进依法治国统一于"四个全面"战略布局和伟大实践当中，并从"四个全面"的战略高度，运用法治思维和法治方式深化改革、推动发展、化解矛盾、维护稳定；坚持依法治国与制度治党、依规治党统筹推进，一体建设；坚持依法治国和以德治国相结合，以此推动现代国家治理体系的建构。

以党的十八届三中、四中全会精神和习近平总书记系列重要讲话精神为遵循，近几年来，各地积极贯彻落实中共中央关于全面推进依法治国的战略部署，大胆探索，积极尝试，勇于创新，在加强法治建设、推进基层治理法治化方面取得较大进步。人民论坛理论研究中心在各地区中，选取了6个较具典型的案例进行提炼总结，希望能够以此为其他地区更好推进依法治国方略的落地、更好提升基层治理的法治化水平，提供参考和借鉴。

一、吉林四平："行政执法监督+"破解基层执法难题

1. 背景

长期以来，受机构、编制、人员、职能、依据等诸多因素的影响和制约，政府法制部门行政执法监督工作的社会认知度不够高、监督效果不够理想、监督作用发挥不够到位。如何创新方式、强化措施、扩大影响、树立权威，是政府法制部门履行行政执法监督职责必须破解的难题。2014年以来，吉林省四平市政府法制办在此方面做了一些有益的探索和尝试，初步建立了"行政执法监督+"工作机制运行规则，收到了较好的成效。

2. 举措

四平市政府"行政执法监督+"工作机制创建于2014年，由政府法制部门牵头，以市政府行政违法投诉举报中心为平台，以纪检监察机关追责为支撑，有效融合"纪检监察监督、层级监督、司法监督、社会监督"，形成了整套监督体系。

（1）案件"双移送"机制

纪检监察机关、司法机关与政府法制部门互相移送案件，建立良好的衔接与配合关系。

（2）全程督查机制

通过"案卷评查"和年初报审执法计划，做好事前报备。细化裁量权和网格化，突出执法即时监督。同时，主要领导签发监督意见回复，激活部门内部层级监督，使行政执法行为及时得到规范。

（3）信息通报机制

设立媒体"曝光台"，聘请特邀行政执法监督员，通过统一配备的手机终端等载体，加强媒体、特邀监督员与行政违法投诉举报中心的监督信息沟通。

（4）联席会议机制

建立行政违法投诉举报中心与纪检监察机关、司法机关的联席交流机制，定期沟通情况，提升行政执法监督水平。

"行政执法监督+"建立在闭环式的运行体系中。四平市政府行政违法投诉举报中心获取监督信息后，依法研判、调查取证并核实，对于存在问题的行政执法单位，立案并下发《行政执法监督通知书》，责令涉事单位整改。执法单位按照监督处理意见整改的，向监督信息来源主体反馈案件落实情况；执法

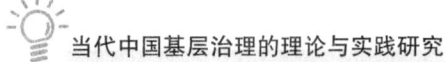

单位对监督处理意见提出异议的，重新调查核查；执法单位不落实或不回复监督处理意见的，以懒政、怠政移送纪检监察部门查处。

3. 成效

"行政执法监督+"工作机制的建立，强力破解了地市级政府在行政执法监督工作中的瓶颈，有效整合了监督资源，强化了追责力度，有力地推进了依法行政、法治政府建设。2014年以来，四平市政府共下发行政执法监督通知书33份，100%得到落实。另外，"四平市'行政执法监督+'工作机制"项目获第四届"中国法治政府提名奖"。四平市人民政府印发四平市"行政执法监督+"工作机制运行规则的通知，并在全市推广。

二、宁夏银川："审管分离"助推行政执法效率提升

1. 背景

近年来，宁夏回族自治区银川市紧紧围绕中央决策部署、宁夏回族自治区要求和自身发展所需，坚持目标导向和问题导向相统一、先行先试、锐意创新，以深化行政审批制度改革为切入口，打造良好的政务环境和投资环境，加快有效释放改革红利。

2. 举措

2014年以来，银川市在深化行政审批制度改革过程中，先后建设市民大厅和设立行政审批服务局，并借助大数据、云计算、物联网等创新技术打破部门壁垒，实现审批流程再造优化，从"一站式审批"到"网上审批"，再到"审批改备案"，彻底改变了传统审批模式，让群众感受到方便快捷的服务。

（1）先行先试，设立行政审批服务局

在行政审批服务局成立前，银川市先行先试推行了系列改革举措，渐次改革夯实了基础。2013年银川市实施减程序、减时限、减费用、提高行政效率、提高服务质量的"三减两提高"改革，取消、合并、调整行政审批事项75项，减少办事时间2488个工作日、收费项目130多项，减轻群众和企业行政审批负担2.34亿元，初步统一了改革思想；2014年银川市开展行政审批事项"清零"工作，对行政许可、非许可、部门管理等事项全面清空，重新梳理、重新论证、重新确认，共取消事项31项、下放17项、合并254项，行政审批事项也由原来的149项精简规范为89项，减幅达40.27%。在宁夏回族自治党委、政府大力支持下，银川市成立了行政审批服务局，真正实现了"一局一章"管

审批，银川市将发改、建设、住房保障等 26 个部门承担的 153 大类（505 个具体审批业务）审批职责及人员编制整体划转，由行政审批服务局的投资项目处、市场服务处、社会事务处等 7 个业务处室集中办理，永久封存了 59 枚审批印章，真正实现了"一局一章"管审批。

（2）简政放权，大幅提升行政效能

在顶层设计上有效"分权"，实现从线性多层级审批向点状扁平化审批转变。银川市对所有审批事项明确授权，分解单个事项的审批过程，将审批权分散到各个环节的每个责任人，打破了原来的多层级审批模式，形成了每个责任人均可审批的单一层级或审核双层级。目前，40% 的审批事项可即办，50% 的事项一审一核可办结。在运行机制上高效"集权"，实现多部门审批向业务处室全权审批转变。银川市打破原有职能部门逐个审批的串联审批模式，实行并联审批，极大地提升了审批效率；所有审批事项办理时限减幅达 79%，平均审批效率提速了 75%。在审批内涵上不断"减权"，满足市场主体更高需求。减材料，推行"一表通"便捷审批模式，229 个具体审批业务只提交"一张表格"即可办理；减环节，推行营业执照"经营范围"登记改革；减时间，建立"同城通办"服务机制。

（3）放管结合，加强事中事后监管

银川市建立了政府部门权力清单制度和责任清单制度，制定了《关于深化行政审批制度改革加强事中事后监管的实施方案》，出台了《审管互动信息交流制度》，进一步明确监管部门的职责，防止监管部门不作为、慢作为、乱作为。一是为加强内部监管，银川市建立了电子监察系统，对审批过程实施全方位、无盲点的监控监察和督查督办，及时发现和纠正问题。同时实行审批终身负责制，对审批全过程进行同步全程监控，确保审批环节依法依规。二是为加强外部监督，银川市打造阳光政务平台，公开透明"晒权"；建立审管互动信息平台，无缝对接"限权"；建立重大项目联合会审机制，共商共议"分权"；充分发挥纪委派驻机构职能作用，从严从实"监权"。

（4）优化服务，打造温馨政务服务超市

按照"所有审批事项要集中、所有公共服务事项要集中"的思路，银川市建成市民大厅，为市民、企业提供企业注册登记、项目投资审批、社保、医保、公积金等 500 多项审批和服务事项，日均接待办事群众 1.4 万人（次）。银川市还将简政放权改革与智慧城市建设相结合，运用云计算、大数据推动"互联网＋审批"模式，建立了"网上办事大厅"。40% 以上的具体审批业务实现了网上申请、受理、回复。研发的"银川移动审批"227 项审批业务实现了掌上办理。

此外，银川市还推行了"窗口无否决权"改革，试行"柜员制"服务，实行了项目审批"双五"工作机制，实现了人性化服务、特色化帮扶，不断提升服务效率和服务质量。

3. 成效

2016年2月，李克强总理在视察银川市行政审批服务局时指出："银川市行政体制改革切实做到了简政放权到位、放管结合到位、优化服务到位，应大力推广。"银川市凭借"审管分离、一局一章管审批"的新机制于2015年12月一举摘得"第八届中国政府优秀创新实践奖"，另外，"审管分离、一局一章管审批"机制还于2016年12月获第四届"中国法治政府提名奖"。"审管分离"之后，一站式审批效率提高了75%，银川市民大厅共受理办件261万件，办结257万件，真正实现了"推开一扇门、办成一揽子事"的政务服务新格局。银川市行政审批服务局实施的153大类505项具体审批业务办理时限由法定的4080个工作日减少到880个工作日，减幅达79%。改革迈过了前行路上的一个个"坎儿"，权力"瘦身"为高效政府"强身"，行政审批改革的"银川模式"正在积聚着越来越强劲的发展动力，加快推进经济转型升级发展，促进经济社会持续健康发展，使群众福祉落得更扎实。

三、湖北咸宁：紧抓"关键"营造良好法治环境

1. 背景

湖北省咸宁市在湖北省委、省政府的正确领导和省政府法制办的精心指导下，以"建成全国先进、全省一流的法治政府"为目标指引，紧抓"三个关键"，发挥"三个作用"，深入推进依法行政，加快建设法治政府，为咸宁绿色崛起营造了良好的法治环境。

2. 举措

咸宁市的基层治理创新实践，体现在紧抓"关键少数""关键机构""关键改革"三个重要方面。

紧抓"关键少数"，发挥关键示范作用。党的十八届四中全会以来，咸宁市注重发挥作为"关键少数"的主要领导干部在法治政府建设中的"关键示范作用"，市长率先垂范，积极担当"第一责任人"职责。各市（县、区）政府各部门行政首长上行下效，主动作为，在全市凝聚起法治政府建设的强大推力。

同时，咸宁市利用媒体宣传营造氛围、举办专题培训加油充电、创建"依法行政示范单位"等多措并举来提升法治政府建设能力。

紧抓"关键机构"，发挥关键助推作用。政府法制机构积极履行"操盘手"职责，勇于担当，主动作为，推动关键工作落实，全力推进法治政府建设。一是加强整体谋划，市政府法制办提请市政府率先出台了《关于加快建设法治政府的实施意见》，提出了"到2020年，基本建成职能科学、权责法定、执法严明、公开公正、廉洁高效、守法诚信的全国先进、全省一流的法治政府"的工作目标，明确了未来五年法治政府建设的总体要求和基本目标、主要任务和工作措施；二是推动依法决策，市政府法制办每年提请市政府出台全市依法行政工作要点，明确要求政府各部门普遍设立法制机构，法制机构负责人列席部门领导班子办公会议，组建由11名专、兼职法律顾问组成的政府法律顾问团，市政府法制办主任担任首席法律顾问；三是强化执法监督，在全省率先成立市政府行政执法监督局，与市政府法制办合署办公，加大行政执法监督力度，促进严格公正执法，全面清理行政执法主体及行政执法人员，加强行政执法个案监督，开辟行政复议网上受理平台，进一步畅通行政复议渠道，全面推行阳光执法"四公开"——公开行政权力清单、公开行政处罚裁量基准、公开行政处罚决定书、公开行政执法人员信息，以公开促公正，以透明保廉明。

紧抓"关键改革"，发挥关键引领作用。一是推进审批监管改革，建立三个清单制度，相继公布《市级行政权力清单》《行政事业性收费清单》和《咸宁市高新技术产业园区内资工业企业市场准入特别管理措施（负面清单）》；开展审批制度改革，审批事项和管理事项从原有的1325项减至594项；改革商事登记制度，开通网上申报系统，企业和群众足不出户便可上网申报办理审批事项，启动了"三证合一""同城通办""先照后证""一址多照""一照多址"等新规，极大地激发了市场活力。二是推行综合执法改革，重点推进食品药品、文化等领域的综合执法，在市食品药品监管局、市环保局、市文新广局、市商务局、市安监局等部门全面实行"一个执法部门一支执法队伍"。

3. 成效

2015年，咸宁市政府依法行政考核在全省17个市州政府中名列第一。咸宁市政府出台《咸宁市人民政府法律顾问工作规则》，2015年共召开政府常务会议25次，集体研究112项重大事项，首席法律顾问全程列席会议，保证了依法决策。确认具有行政执法主体资格的市级行政机关（含二级单位）81个，市级在编、在岗并持有执法证（不含监督证）的市级行政执法人员1282人，清理无证执法人员53人；2015年集中评查144份行政执法案卷，并通报了案卷评查结果；加强行政执法个案监督，2015年市政府行政执法监督局受理群众投诉案件2件，纠错2件，有效规范了行政执法行为；2015年受理行政复议案件135件，综合纠错率达到62.2%，纠正了一批违法或不当行政行为；2015年，咸宁市政府进一步推进简政放权，取消调整行政审批项目25项。其中，取消3项，下放2项，承接19项，转其他行政权力事项1项。在咸宁高新区推行综合执法改革试点，依法采取委托授权的方式将市政府相关部门及咸宁高新区的行政审批和监管执法权力事项向咸宁高新区行政审批局、市场监督管理和综合执法局集中，探索实行"一个部门管审批，一支队伍管执法"，咸宁市政府法制办全程参与综合执法改革，确保了改革在法治轨道上前行。

四、重庆渝北：建设法治政府，打造依法治区新格局、新常态

1. 背景

近年来，重庆市渝北区按照国务院和重庆市的统一部署和要求，探索创新，积极制定法治政府五年实施方案，为如期实现全面建成小康社会提供有力法治保障。

2. 举措

紧紧围绕法治政府建设，重庆市渝北区严格规范合法性审查程序、完善重大行政决策公众参与等机制，不断创新普法形式，将法律送进社区等一系列措施，使得渝北全区以法治政府建设促进了依法治区新常态的形成。

强化依法治区，法治政府渐入佳境。2016年4月，重庆渝北区出台了《重庆市渝北区政府重大决策程序规定》和《关于进一步规范有关事项决策工作的通知》两个文件，从决策方式、决策过程、法律责任等方面对重大决策进行了规范，切实做到了对重大决策的风险源头把关。重庆市渝北区通过建立"两库一单一计划"，规范抽查流程，开展联合抽查，建立起了"两随机"抽查制度。在政府信息公开方面，渝北认真做好区政府门户网站管理维护，深化政务公开。

（1）创新多彩普法，法治观念深入人心

法治文化建设是推动全民普法守法工作深入开展的有效载体，是推进法治宣传教育的客观需求，"100场法治文艺演出进村居"活动是新时期新形势下推动法治文化建设，弘扬法治精神的有效探索和积极实践，通过"说渝北事、讲渝北人"来讲解法律常识，帮助观众解决生活中遇到的法律问题，进一步提高法治宣传教育的针对性和实效性。渝北区结合地方特色，成立了"渝北区普

法讲师团""渝北区法治文化艺术团",以地方文化唱响了普法的主旋律,切实营造了群众尊法学法守法用法的良好社会氛围。渝北区各级各部门围绕"三下乡四进社区""梦想驿站""三月法治宣传月"及"3·15"消费者权益保护日等各种宣传月、宣传周、宣传日,组织开展了针对性强、规模较大的主题法治宣传活动。渝北区还以网络、手机等为载体,扩大法治宣传面,以寓教于乐的方式潜移默化地提升广大群众的法治意识,自觉学法守法用法的社会氛围已然形成。

(2)扎实服务基层,法治建设惠及民生

渝北区通过开展"义务法律顾问进村居"的活动,义务法律顾问深入各地村居开展法律宣传活动,接受群众法律咨询,参与调解纠纷,承办法律援助案件,代理诉讼案件,积极为群众服务,取得了良好的效果。法治建设的出发点和落脚点是法治惠民。近年来,渝北区紧贴广大人民群众的现实需求,扎实推进法治惠民,创新推出了"法官进社区"的活动。"法官进社区,服务零距离"。自推出"法官进社区"活动以来,渝北区切实做到了法官围着百姓转,纠纷在哪里,法官就在哪里,随时随地为百姓服务。渝北还坚持用法治思维处理好改革发展与社会稳定之间的关系,整合人民调解、司法调解的资源和优势,建立健全"三级联动"排查化解矛盾纠纷机制、多元化矛盾纠纷解决机制、"诉调对接"机制,快速、合法、灵活化解和处置社会矛盾纠纷。

3. 成效

渝北区的依法治区工作做得踏实,具有创新性,在重庆各区县中都具有先进性和可复制性。2016年,渝北政府网站新开设专题栏目10个,发布各类政府信息4032条,每月"网站信息公开和公共服务情况"均列全市区县政府前列。从2015年以来,渝北共开展法官进社区服务833次,提供法律咨询2700余人次,帮助社区处理法律事务500余项,指导调解纠纷300余起,开展巡回审判49次。据统计,2016年上半年,渝北受理矛盾纠纷7477件,成功调处7415件,调解成功率达99%以上,有效地化解了群众的矛盾纠纷,提高了群众的满意率,促进了社会的和谐发展。

五、江苏张家港:社区协商激发基层法治建设原动力

1. 背景

党的十八届四中全会提出,"坚持依法治国、依法执政、依法行政共同推进,坚持法治国家、法治政府、法治社会一体建设""推进基层治理法治化",

明确了基层治理是国家治理、政府治理、社会治理的重要组成部分。关于如何推进基层治理法治化的课题，江苏张家港抓住社区协商这个突破口，进行了富有特色、富有成效的实践和探索。江苏张家港政府通过建设社区协商制度、健全社区协商机制、规范社区协商程序、引导社区协商解决社会矛盾等工作积极推进基层治理法治化，激发法治政府、法治社会建设的原动力，使法治政府、法治社会建设拥有更好的外部环境以及更扎实的基础和更高的社会认可度，探索出一条法治政府与法治社会一体建设的新路径。

2. 举措

张家港通过开展政社互动、三社联动，厘清政府、社区、社会组织、社会工作者责权边界，建立社会治理的基层民主治理体系，加快推进村（社区）基层社会治理法治化进程。

完善社区协商的顶层设计，为基层治理法治化奠定坚实的组织基础。针对村（居）委会行政化倾向严重、村居民自治参与不足的情况，张家港搭建议事会新平台，构建了"党组织领导、议事会民主协商、村居民会议（或代表会议）民主决策、村居民委员会具体实施、各类社会组织参与协助、村务监督委员会（社区居民代表）民主监督"的村（社区）基层治理新模式。拟定社区协商的自治规范，为基层治理法治化奠定扎实的法理基础。

张家港在法律法规框架内，出台村（社区）自治系列指导文件，帮助各村（社区）制定了具有"软法"意蕴的自治章程及其实施细则、村规民约，为社区协商提供制度保障。

营造社区协商的文化氛围，为基层治理法治化奠定坚实的环境基础。张家港以"乡土文化与城市文明水乳交融"为指导思想，引导各村（社区）挖掘地方"善""福""义"等文化资源，充分弘扬中华传统美德，以道德滋养法治精神，为社区协商提供良好的软环境。

3. 成效

社区协商作为推进基层治理法治化的有效手段，极大地推动了张家港法治政府、法治社会建设的进程和水平。第一，建立公众参与行政程序。在政府重大行政决策和规范性文件制定、执法机构评议、重大行政许可审批等工作中，将议事会作为对象和平台，征求群众意见和建议并对采纳情况予以反馈，通过社区协商修正行政管理活动。第二，完善公共服务方式。对道路修建、环卫设施兴建等基础建设项目，加强民意调查和民意征询，围绕村（居）民需求，合理确定政府提供公共服务的项目、提供的对象和提供的方式。在界定政府与村

（社区）职能的基础上，政府购买的服务项目通过社区协商进行充分讨论，确定项目的承办机构、办理方式及分配等事项，并由村（居）委具体落实。第三，健全监管执法手段。对农村土地承包经营权确权登记地权不符、小区内毁绿种菜、广场舞扰民等政府监管空白、执法无力的情况，发挥村居民监督和议事会协商的功能，妥善解决问题。政府管理、公共服务与基层自我管理、自我服务形成了有机衔接互动。

六、福建厦门："四个公开"推进行政执法行为规范化

1. 背景

近年来，福建省厦门市政府紧紧围绕加快法治政府建设目标，着力从源头、制度和机制等方面规范行政执法行为，打造法治化营商环境，各项工作取得显著成效。连续两年在"中国法治政府评估"中取得第4名的优异成绩，在2015年评估中行政执法指标综合得分位居榜首。

2. 举措

厦门通过权力责任清单公开、执法主体资格公开、行政裁量基准公开、执法监管过程公开四个方面推进执法行为规范化。

（1）权力责任清单公开

2015年6月编制完成《行政权力清单》，精简不符合规定的市级行政权力4521项，保留市本级实际行使4294项，精简率达51.28%，做到政府部门"法无授权不可为"。2015年10月编制完成"责任清单"，做到"法定职责必须为"，市级43个部门共明确责任事项6849项，另梳理出涉及多部门监管的责任划分事项91项。再次梳理编制完成市级"公共服务事项清单"，决定保留市级事项409项。为确保清单制度落地见效，清单采取了市政府网站与各部门网站同时公布的方式，方便社会监督。同时，建立了动态调整和长效管理机制，确保清单的实效性和生命力。各部门要根据法律法规"立、改、废、释"机构和职能调整情况，以及社会各界、群众反映的突出问题，及时提出调整清单事项的意见建议，报请市政府研究审定后做调整。

（2）执法主体资格公开

近年来，厦门在全市各级行政执法部门推行行政执法责任制。经审核，厦门法制局先后向社会公布了40个市直部门、4个管委会、6个市二级局、2个独立授权组织和1个国家垂直领导机构的行政执法主体和执法依据，主动接受社会监督。严格落实行政执法资格统一考试和持证上岗制度，创新行政执法人

员培训、考试方式，开展网上法律知识培训和无纸化考试，近万余人次通过培训、考试，实现持证上岗。执法人员相关信息及时在市政府和市法制局网站公布，公民、法人或其他组织可通过行政执法查询系统查询、核对执法人员的执法单位、执法证号和执法权限等信息。

（3）行政裁量基准公开

深化规范行政裁量权工作，进一步健全和落实行政裁量权基准制度，加强对建立行政裁量权基准制度情况的督促检查，把权力关进制度的笼子，从源头上减少自由裁量空间，预防行政执法中的乱作为、不作为现象，有效防范行政执法的随意性。

（4）执法监管过程公开

完善提升厦门商事主体登记及信用信息公示平台，实现商事主体公示查询、经营异常名录查询、行政处罚信息公示、年报公示、政民互动、部门交互等功能。

3. 成效

2016年3月，厦门全市39个政府工作部门在行政执法过程中拥有自由裁量幅度的事项全面纳入规范行政裁量权范畴，对630部法律、法规、规章规定的行政权力进行了细化，将涉及市政府工作部门4294项行政权力分解成16709项行政裁量基准，在各部门网站向社会公开，并依照法律法规和职权变动情况，实施动态管理。2014年以来，厦门已对8138家违法违规商事主体实施了黑名录公示、限制锁定等信用监管措施。根据群众投诉举报及主动监管已发起住所核查任务11452起，确认5779家商事主体通过住所无法联系，将按程序移入异常名录。

第三节 封闭社区治理——国际经验与中国实践

在20世纪最后20余年里，封闭社区逐渐成为在全球范围内流行的居住空间模式。它不仅广泛出现在北美洲的美国、加拿大，西欧的英国和大洋洲的澳大利亚等发达国家；也出现在拉丁美洲的阿根廷、巴西，非洲的南非，东南亚的印度、菲律宾和印度尼西亚等发展中国家，以及东亚的韩国和日本。同样，封闭社区在中国也是相当流行的。据不完全统计，中国80%以上的新建楼盘都被封闭起来。时至今日，封闭社区已成为中国房地产开发商住宅项目的标准开发模式。从历史发展的脉络来看，自古以来，作为封闭形式的"墙"起着管控、束缚和保卫的作用，是社会治理的元器件。在我国社区建设的背景下，封闭社区作为一种独特的社区类型，在基层政权建设、基层治理和社会公共服务等制度供给方面发挥着巨大的作用，成为中国基层治理和社会治理的基本单元，而这一基本单元的形成和演化印证了法国城市学家亨利·列斐伏尔（Henri Lefebvre）的名言：空间是历史、政治与意识的合力下形成的。

一、国外封闭社区的治理经验：起源、类型与研究现状

（一）封闭社区的现代起源

学术界普遍认为，现代封闭社区最早诞生在美国。19世纪末，为应对城市快速工业化并针对富人群体而开发的高档住宅，如位于纽约的塔克西多公园（Tuxedo Park）和圣路易斯的私人街道可以被视为现代封闭社区的雏形。第二次世界大战以后的六七十年代，美国联邦政府在推行"总体规划社区"（Master-planned Community）的过程中出现了一种带有明显封闭结构特征的住区模式，这种现代社区模式在富有群体和关注隐私的名人圈子里流行了起来。随着社会发展，美国社会逐渐接受了这种私人的封闭住区模式，最终演变成今天的封闭社区。

根据埃文·麦肯齐（Evan McKenzie）的研究，封闭社区起源于住宅私有化，私有化住区是美国住房的主导形式。私有化住区通常也被称为共同利益开发项目（Common Interest Housing Developments）或共同管理社区（Common Interest Communities）。根据不同类型的产权权属，即个人财产（土地、别墅或公寓等）与公共财产（街道开放空间、公共设施等）的所有权，共同利益开发项目或共同管理社区可以被划分为三种类型。第一，拥有土地的共有公寓或称为共管公寓（Condominium Apartment）。在纽约，Condominium Apartment是一个法定名词，指的是住户拥有土地产权的共有公寓。如一栋共有公寓有18户，那么每一户拥有1/18的土地契约，住户转卖可以不经过管理委员会的同意，而且住户可以将土地产权自由抵押买卖。一般新的住宅楼，每一个单位拥有独立的供热系统与空调系统、有单独的电表，售价也比较高。第二，合作式住宅或称为众筹住宅（Co-operative Apartment）。如同一栋拥有18个单位的共有股份住宅，每一个单位拥有这个公司的1/18股份，如果转卖，需要经过管理委员会或者大多数单位的同意，否则无法转卖，一般合作式住宅价格也比较低。在纽约许多旧的住宅楼，因为供热系统、空调系统无法单独操作，必须采用这个方式。这种房子采用的是大电表、大水表，因此电费与水费由所有住户均摊。第三，统筹社区（Planned Communities）。虽然这是一种混合的住房类型，但

是具有一些典型的特征,如每一户家庭的住房拥有属于自己的草坪和私家车道,以及作为私人街道的公共区域;以及作为娱乐消遣的高尔夫球场、游泳池和湖畔等。购买者拥有住房的所有权及社区公共区域的部分所有权。

在上述三种分类的基础上,共同利益开发项目或共同管理社区分别形成了性质不同的社区(业主)委员会作为社区自治的管理机构。同时,由于每个社区的差异较大,在公共服务的种类和承担主体之间不可避免地存在着政策差异。根据麦肯齐的研究,共同利益开发项目或共同管理社区具有以下五个共同特征:共同所有权(Common Ownership)、私有土地使用管制(Private Land Use Controls)、私性政府(Private Government)、总体规划(Master Planning)和安保措施(Security Measures)。第一个提出封闭社区概念的美国社会学家威廉·弗兰纳根(William Flanagan)认为,可以把封闭社区看作一种特殊的居住联合体(Residential Association)。据第一个对封闭社区进行系统性研究的美国社会学家爱德华·布莱克利(Edward J. Blakely)和玛丽·盖尔·斯奈德(Mary Gail Snyder)在1997年的估计,当时约有1/5的共同利益开发项目或共同管理社区符合封闭社区的描述。

(二)封闭社区的定义与类型划分

封闭社区研究的集大成者布莱克利和斯奈德认为,封闭社区就是"受限进入的,公共空间通常被私人化了的居民区"。在对封闭社区进行界定的基础上,他们第一次对封闭社区做了经典的类型学划分,确定了美国封闭社区的三种主要类型。在生活型社区(Lifestyle Communities)(如退休村、高尔夫球/休闲社区俱乐部和郊区新市镇)内,共享的公共空间和当地的文娱场所已经变得私人化,对它们的管理更多的是作为社会要求而不是安全考虑。这些社区反映的是共享领地的概念,是互相排斥的而不是相互包容的共有价值。相比之下,名望型社区(Prestige Communities)可能会缺少生活型社区共享的便利设施。设置大门的唯一目的是凸显居住者的身份并且提高和保护社区内居民的形象和财产。建立安全地带型社区(Security Zone Communities)的主要目的是避免犯罪和局外人的打扰。在安全地带型社区内,是居民而不是房地产开发商提出安装大门和路障来保护社区避免受到真正或潜在的威胁。尽管以上三类封闭社区在本质上是理想状态的划分,但实际上它们的区别和特点经常有重叠的部分。

随后的学者,如卢(Low)将封闭社区定义为:"被围墙、栅栏或者灌木丛覆盖的土坡环绕起来的住宅区。"罗兰·阿特金森(Rowland Atkinson)和萨拉·布兰迪(Sarah Blandy)进一步将封闭式社区定义为"有围墙和栅栏包围的，外人进入受限的住宅区，由法律协定将居民和一套共同的行为准则和集体管理责任联系起来"。诚然，由于各国的历史条件、社会经济等的发展差异，研究者们各自从不同的学科背景和研究角度出发，对封闭社区进行研究。目前，学者们对封闭社区形态和模式的研究并没有得出一致的结论，因此，对封闭社区概念的理解也不完全统一。但综合来看，根据学者们的已有研究，我们可以根据封闭的程度和手段，从技术层面把所有的封闭社区按照以下规定排列成一个研究光谱：光谱的最左端是最弱意义上的封闭社区，即居住区的周围仅仅由围墙、篱笆或绿化带等物质屏障环绕，社区内部管理极为松懈，管理的技术手段单一；光谱的最右边是最严格意义上的封闭社区，社区不仅被封闭的物质屏障包围，而且社区入口采取门禁措施，社区内部通常配备 24 h 安保人员、巡逻车等，采取先进的智能化管理手段如闭路监视系统和其他电子设备。光谱的左右两端分别是封闭社区的理想类型，而光谱的中间为在现实中封闭社区的各种亚类型。这就构成了封闭社区的研究谱系。

（三）封闭社区的研究现状

自 20 世纪 90 年代以来，不同领域的学者分别从社会学、建筑学、人文地理、城市规划、经济学、管理学、心理学、法学等不同学科和角度进行研究。关于封闭社区的研究范围也从概念、分类和特征，发展和形成机制，以及影响评价等内容，逐步拓展到从城市规划、社会建设，乃至国家基层政权建构的角度探索封闭社区的发展规律及影响，并从政府的作用、规划的应对、市场的引导、社区自身的建设等层面研究探讨治理策略。在这一过程中，政治学和公共管理学等学科的作用和影响日益显现。

毫无疑问，在布莱克利和斯奈德掀起了对封闭社区的研究高潮以后，许多研究者开始关注这种独特类型的社区，并探索社区之外的种种问题。目前，西方学术界对封闭社区的研究主要集中在以下几个议题。①封闭社区的形成和发展机制：形成了以全球化与后福特主义、新自由主义公共政策、公共选择与制度经济学、社会隔离与社会冲突、文化（权力）与空间为代表的从全球到地方的五种理论研究范式；并由此衍生出一些次级议题，如封闭社区的安全感与安全性分析、认同感问题、"纯化"问题，等等。②封闭社区的治理模式与配套措施："草根民主"（Grass-Root Democracy）与公民社会发育，城市政府（Urban Government）与私性政府的关系，社区自治与政府管理的问题，等等。③封闭社区与城市空间互动机制：公共空间私有化和碎片化的问题，社会隔离与公平性的问题，阶级（阶层）和社会整合的问题，民族（种族）融合与隔离的问题，空间隔离与排斥效应及其治理对策，等等。④世界各国封闭社区的共性与特性（全球响应与本土特征），以及其他议题。在案例研究的探索过程中，研究者区分了封闭社区发展的三种路径：自发推动的社民路径（以欧美为代表）、资本驱动的市场路径（以拉美为代表）以及自上而下的权力路径（以中国为代表）。从总体上来说，自封闭社区诞生之日起，各种现象和要素彼此之间已经形成合力共同推动其发展，种种议题并不是简单的线性因果关系，在现实的动态发展进程之中甚至互为因果。虽然，这一方面增加了研究的复杂性和难度，但另一方面却为研究者提供了无数可资利用的"阿莉阿德尼之线"（The Ariadne's Clew），展现了封闭社区的研究"全貌"。

二、中国式封闭小区的治理实践：起源、演化与机制

（一）舶来物还是历史传承

不少学者认为，中华人民共和国成立以后出现的单位制城市居住区——单位大院，是中国历史上另一种重要的封闭居住模式，这种建筑模式深受苏联的影响。20世纪50年代初，苏联住区规划已形成了自己的小区模式。由于当时中华人民共和国缺乏住区规划设计的经验，于是在苏联专家的指导下，单位以"大院"的形式成为城市空间结构中的基本单元。院中不仅建起了单位办公、生产用房，还包括宿舍、食堂、浴室、厕所等生活用房，使大院成为一种内向、自足的集体生产和生活统一体空间。单位本身作为国家的一种基层组织，代表着国家进行资源的再分配与人员的管理，是地方政府进行社会控制和社会整合的主要机制。

但是，城市规划学的研究者在研究过程中仅执着于"墙"这个实体存在，他们一般性地从社会心理与文化的角度，把计划经济时期的单位和改革开放以后出现的封闭小区同时看作封建残余和"围墙"情结的产物，几乎是一边倒地把这些现象的形成归结为传统的儒家伦理或者是封建帝王统治的文化基因。对此，薄大伟（David Bray）指出了这种形式上的分析存在很大问题。他认为，"墙所创造出来的空间，以及空间布局和内部实践活动才尤为重要"，"中国的墙就应不仅……被消极地理解为封闭和控制等含义，还应该从积极的视角理解为空间实践特定关系的产物"。社会主义的中国在"治理术"上与封建社会有着天壤之别。事实上，20世纪50年代初期修建的大多数单位一开始并没有围墙；并且，在围墙出现后，政府也一度发文禁止。在住房改革启动之初建成的第一批商品房如深圳的莲花小区是没有围墙与栅栏的。因此，单位与封闭小区的"围

墙"不是封建社会的残余，封闭小区也谈不上是单位大院思维模式的延续。作为空间形式存在的单位与封闭小区，是中国共产党领导下城市治理体系的基本单元，反映的是中国城市组织和社会秩序的变化以及中国社会基层治理的制度变迁。

（二）概念梳理与实践演化

由上述的分析可见，中国语境下的小区概念是指城市规划的居住小区住宅小区（城市规划和人文地理等学科简称为住区），这个概念是由俄文单词直接翻译过来的。它的基本原则可以概括为："被城市道路所包围的居住地段称作小区，城市交通不得引入小区；有一套完善的日常生活服务设施，包括小学、幼托、商店等；形成完整的建筑群，创造便于生活的空间。"

改革开放以前，国家通过单位制实施对单位职工的整合与控制；作为补充的街居制（街道居委会）对无法被纳入正式单位组织的城市居民实施有效的社会管理。国家通过单位—街居制的实施对城市全体社会成员进行控制和整合，达到巩固政权和控制社会的目的。改革开放以来，随着单位制的解体和城市社会空间的重构，街居制作为国家控制与管理城市社会基层的主要载体自然地成为单位制的替代性结构，大量资源（经济资源、行政资源与人力资源等）向街道居委会转移，单位所承担的社会功能转移到街道居委会。单位制解体在转移资源和功能的同时也把许多原本由单位解决的社会问题转移到街道居委会。街居制职能超载、职责不清、职权有限的制度设计使得街居制无法为国家与社会提供稳定的治理秩序与公共服务，于是党和政府继而大力推行社区建设。社区建设的推行开启了街居制向社区制的转型，社区制成为继街居制之后正在形成的一种基层治理结构。

需要指出的是，在中国的语境下，由于政府在社区建设过程中起主导作用，中国的社区被赋予了明显的行政化特征，并在很大程度上被纳入地方政府的纵向行政管理体系当中。因此，中国的社区是行政型社区，这与西方国家自然形成并且具有自治传统的社区（非行政型社区，或称为自然社区）截然不同。同时，受美国芝加哥大学功能主义学派的影响，中国学者在分析单位制现象以及后单位制时代社区现象的时候，会在不同的学科研究范式和话语背景下，交叉使用"单位（制、型）社区"等概念，因此，就出现了不加区分地使用小区和社区这两个概念的现象；并且在日常惯用语中，人们往往也不对小区和社区进行区分使用。

在上述分析的基础上，本节所探讨的中国式封闭社区是指在市场经济体制条件下，由房地产开发商主导新建的，并且由物业管理公司（在最宽泛和普遍意义上）实行门禁式管理的私人商品房居住小区。这一过程可以简单地概括为：小区社区化和社区门禁化。

（三）中国式封闭社区形成的动力机制

1. 中国政府的行动策略与政策规制

在住房制度和户籍制度改革的双重作用下，社会成员由于获取社会资源的能力与机会不同而形成社会阶层化是社会发展的必然趋势，它是构成城市社区阶层化的前提。城市社区阶层化是人们依据自身经济收入、居住需求、文化品位、住宅市场信息等选择不同社区，形成同一社区相同或相近阶层集中居住的自然流动过程。不同阶层在对城市空间资源的竞争与占有过程中通过商品房市场价格机制（从消费者的角度体现为购买力）实现了"阶层过滤"（Class Filtration），并且由于封闭小区的形式加剧了空间分异、居住隔离和社会分化的程度，形成了所谓的"内部均质、外部差异"。"私有化造成了住房类型的差别，从而对各种治理方式做了根本的切分……工作单位丧失了对区域和一定人群的掌控功能，而以社区为主的治理提高了城市社会等级划分的合法性。"从这个角度来讲，封闭小区延续发挥了单位制的社会管理与社会控制功能（政治—行政管理功能），并在一定程度上为整合不断涌现的新社会阶级（阶层）提供了便利条件。

除了上述原因以外，封闭小区的兴起也受到了政府政策的直接刺激影响。20世纪90年代，针对住区刑事案件频发，在公安部的倡议下，各地治保会对已建住区采取封堵路口、建围墙、修栅栏和设传达室等措施，在住区建立门禁制度。一般情况下，在老城区的已建住区实行单道门禁措施，对于经济较发达地区新建的高档住区建立现代智能化的双道甚至三道门禁系统。

随着房地产市场的进一步开放，为了提高城市住宅小区的整体管理水平，推进和发展社会化、专业化、企业化、经营型的物业管理服务，建设部（现为住房和城乡建设部）于1995年3月11日印发的《全国优秀管理住宅小区标准》，其中第二十一条"治安、保卫管理"中明确提出："小区基本实行封闭式管理；小区实行24小时保安制度。"在此基础之上，建设部房地产业司于1997年4月16日印发的《全国城市物业管理优秀大厦标准及评分细则》也重复了相同的要求。

进入21世纪以来，地方政府及其基层政权组织在社区管理方面的部分撤出形成了行政管理的真空，而房地产业继续市场化和物业管理的进一步专业化受到了消费者（购房者）的青睐。建设部于 2000 年 5 月 25 日在关于修订《全国物业管理示范住宅小区（大厦、工业区）标准和评分细则》中重申了小区和大厦实行封闭管理的原则，进一步完善了安保工作："有专业保安队伍，实行 24 小时值班及巡逻制度；保安人员熟悉小区的环境，文明值勤，训练有素，言语规范，认真负责。"此外，建设部、公安部和民政部于 2001 年 6 月 5 日联合发文在《关于加强居民住宅区安全防范工作的协作配合切实保障居民居住安全的通知》中要求："经开发建设单位或业主同意，建设并完善居民住宅区安全防范设施，主要包括远红外周边报警系统、电视摄像监控系统、电子巡更系统和门禁对讲系统，实现技防、物防和人防紧密结合，相互促进。"

这一系列文件说明政府在一定程度上支持并提倡住宅小区的封闭管理模式，其中对社会治安与稳定因素的考虑是重要原因。"广州有些老城区在改造和整合的过程中还会加上门禁的方式，这是一种自发的行为，是城市在发展过程中的一种演变"。2003 年前后，广州市对所有社区开展一个名为"无罪案社区"的评选活动，获选的无一例外是封闭小区。此外，门禁式物业管理也被引入一些人口密集、居民混杂的老城区。广州市越秀区和海珠区在 2005 年首次分组团实施门禁式管理。另外，值得一提的是，在"非典"时期，新冠疫情时期封闭社区壁垒森严的社区排查制度在控制"非典""新冠"进入社区方面也是功不可没，并因此颇受好评。在政府宏观政策规制与微观行动策略引导的作用下，封闭小区实现了社会管理与社会控制的功能，逐渐成为房地产开发商住宅项目的标准开发模式。

2. 封闭社区增长联盟的市场逻辑

20 世纪 80—90 年代，在经济全球化的背景下，西方主要国家城市间对资金、人才和其他资源的竞争日趋激烈，由此，城市为了在竞争中获取优势，纷纷抛弃了原来以政府为主导的城市管理模式，转向了城市经营（Urban Management）模式，把依赖市场机制、促进经济增长、提高城市竞争力和吸引外来投资放在城市发展的首要位置。在这一转变过程中，城市中各种利益集团，如政府、商业机构、民间组织和公民个人等，为了城市经济增长的共同目标，趋向于结成各种各样的合作伙伴关系，即增长联盟（Growth Coalition），进而促进城市治理。

约翰·洛根（John R. Logan）和哈维·莫洛奇（Harvey L. Molotch）于 1987 年出版的《都市财富：空间的政治经济学》（*Urban Fortunes: The Political Economy of Place*）一书中提出了城市增长联盟的概念。他们认为，当下的大都市犹如一架增长机器（Growth Machine），增长精英（Growth Elites）醉心于都市的经济增长,增长是他们的唯一目标。城市增长联盟通常被界定为由房地产代理人、投资者、律师和开发商、地方金融机构、广告代理商、物业管理公司、建设供给机构和支持增长的政治家等地方精英构成。而白领、工人阶级等群体可能会成为反增长联盟(Anti-growth Coalition)。

增长联盟的概念是理解城市发展内部结构和动力机制的关键。从政府的角度来看,城市土地是政府可以利用的最大资本,在城市经营过程中通过土地竞标和拍卖方式,发掘土地最大化市场价值成为必然选择。莫洛奇认为,城市精英基于利益共识推动土地增值纲领。从房地产开发商等利益群体的角度来看,通过从地方政府的手中获取土地和开发的权益,为地方发展构筑起有效的增长点,他们企图用公共机构和个人影响力去增加自己的财富。地方政府的权力与市场利益群体的资本互相"合谋",构成了城市持续发展的"奥秘"。通过研究可以发现,中国式封闭社区的产生遵循着城市增长联盟的发展逻辑。

从地方政府的角度来看,政府在整理破碎化土地权属、拆迁安置、地块清理、土地出让等过程中发挥着重要的作用。改革开放以前,我国实行的是实物福利分配的住房制度,单位职工以租赁的形式居住在由国家提供的房子里。但是,随着城市建设的推进,人口不断增长,住房短缺的问题日益显现;另外,由于长期执行低房租政策,政府的财政负担越来越重。为了改变这一现状,政府首先允许房地产公司和个人以注资的方式参与住宅建设(兴建私房);其次在社会主义市场经济确立的条件下,将公房私有化,已经住在公房里的家庭被鼓励以补贴价格买下他们所使用的公房(即房改房),或者以市场价去购买商品房;最后由于1997年亚洲金融危机爆发,我国经济受到了严重的影响,通过扩大内需保证经济增长成为国家发展的突破口。因此,在当时,房地产业被认为是国民经济的新增长点,由此也促进了住房分配制度的市场化和货币化改革。国务院在1998年下发文件,要求停止公房供应,全面建立市场化的住房体制。

土地管理与使用制度变迁是影响封闭小区产生的另一个重要原因。改革开放以前,国家将土地无偿调拨给使用者,实行的是一种绝对性的行政划拨政策,城市土地利用配置只不过是基建投资计划的附属品。随着改革开放的到来,城市市政基础设施严重不足,政府财政资金出现了困难,同时,为了解决职工住房紧张的问题,城市需要新建大量住宅以及大规模改造老旧城区中的危房。在面对一系列困难的情况下,政府对土地制度进行改革,将土地的使用权和所有权相分离,在使用权上变过去无偿、无限期使用为有偿、有限期使用。土地制度改革使城市新增土地和转让土地走入了批租制的轨道,建立了城市用地自我约束机制和城市土地市场,在很大程度上缓解了城市建设资金短缺的问题。

1993年后,国家实行分税制,中央与地方的财政收入比例发生重大变化。地方政府逐渐意识到老城区危房改造项目的潜在利益,并且利用它作为带动经济的"增长机器"。通过各种形式的内城更新(Urban Renewal)项目,地块的容积率显著提高,这就提供了土地收益的机会。在这样的激励机制下,从20世纪90年代开始,类似于美国战后"推土机"(Bull-Dozer)式的改造方式在中国大城市的内城区大规模展开。从1996年开始,地方政府又建立了城市土地储备制度,目标在于调控城市各类建设用地的需求,确保政府能够垄断土地一级市场的供应。

地方政府为封闭小区的产生提供了成片待开发土地作为物质保障,房地产开发商则向地方政府支付高额的土地出让金获得土地的使用权。从房地产开发商的角度来看,在高额利润的刺激下,开发商必然把建设投资集中在商品房项目的开发上,在向城市提供普通类型住房的同时,也大量开发各类高标准商品房以满足各类住房需求:从经济适用房和公寓式的商品房,到高级公寓住宅区/连排别墅/独栋别墅。因此开发商也就获得了建设封闭小区的主动权和优先权。房地产开发商通过提高土地容积率和开发高密度住宅,减少了边际成本投入,获得了高额利润,随之再投资土地继续获利。

在地方政府权力的行政引导和房地产开发商"理性"的市场行为合力作用下,他们彼此构成了封闭社区增长联盟,也成为封闭社区的供给端和供给侧。概言之,中国式封闭社区增长联盟的市场逻辑可以归纳为:住房市场化→土地管理与使用制度变迁→城市增长联盟形成→商品房开发模式化→社会阶层分化→居住隔离→分类管理→新型封闭小区管理模式形成。

3. 其他影响因素

根据对上海封闭式小区的研究,鲍存彪(Choon-Piew Pow)指出:"中国私人封闭式小区的出现需要在中国经济改革和城市再规划的背景下来看待,尤其要考虑到商品房政策,社会分层和阶级分化加剧以及城市消费力解放等诸多因素。"直到20世纪90年代末,中国城市中的住房主要由单位和当地政府(房管局)提供,住房分配是基于一系列非金钱因素,如权力、工作职称、工龄和婚姻状况等。单位大院内部的职业构成相对单一(基于"业缘"关系组成),内部住房样式也区别不大。住房制度改革实现了城市住房的私有化和商品化,允许私人购买商品房,使中国家庭获得了住房选择和迁居自由(社会阶层流动),

促进了持房率和城市消费力的提高。这一改革直接导致了城市住房分异,这种分异又集中体现在住房产权和住房消费的差距上。

首先,住房产权导致新的社会阶层出现。住房改革的一个重要部分是通过兴建私房(商品房)和出售公房将住房私有化。于是,持房率持续攀升导致了在住房产权上的分层(业主还是房客),新的社会阶层(有房阶层,或称为"有产者")由此诞生。过去的住房差距主要体现在居住面积的不同,而现在住房产权上的差距体现为,在市场经济体制条件下,商品房和公房之间以及商品房内部的分异。

其次,市场机制导致住房消费的区间和差距被显著拉大。收入逐渐成为一个决定家庭居住条件的主要因素。改革开放以来,社会出现了大量新兴职业。随着社会主义市场经济体制的确立和工资制度改革,人们的收入逐渐拉开了差距,人们可以根据自己的收入情况购买自己经济范围内能够承受的商品房(基于"资缘"关系组成)。住房选择、迁居流动和逐渐成熟的住房市场促使中国家庭开始在社会、经济和空间几个方面得到筛选和分类,形成了不同阶层之间的居住隔离(或阶层隔离),最显著的标志就是以中产阶级(或称为中等收入群体)为主要成员居住的封闭社区逐渐出现。

根据黄友琴、吴缚龙等学者的研究,封闭社区的业主在年龄、职业和受教育程度上比较相近,属于社会流动的中上层,邓利杰(Luigi Tomba)称他们为"高素质"群体。他们共同渴望一种高品质和优越的生活环境:对安全和舒适的追求、对犯罪和陌生人的忧虑、对政府的不信任、寻求私密性的乌托邦家园,这一切共同构成了封闭社区的消费端和需求侧。除了新兴业主阶层的需求以外,房地产开发商在住宅项目开发的时候刻意标榜"美国精神",以经济发达国家的生活为标杆,宣扬欧美高品质先进生活理念。在封闭社区内,开发商构造完善的服务措施,实行精细化管理;物业管理公司也积极向国外封闭社区学习先进的管理经验,配备先进的管理手段和技术。这种现象被鲍存彪称为新兴中产阶级的"特权景观"。

由于封闭社区的规模和属性与过去单位制时代的"单位大院"不同,在中国社区建设运动的背景下,国家社会资源配置结构发生重置和变化。在这种独特类型的社区中,地方政府可以将部分公共服务的职责(Responsibility,如垃圾处理、治安、街道和绿化维护等)转交给私人部门(Private Sector,如房地产开发商、物业管理公司、清洁公司、业主委员会等),这些私人部门随即成为地方政府管理和服务封闭社区的代理人,而封闭社区在一定程度上也成为业主们的私性政府或者是影子政府(Shadow Government),这种互动成为中国社会基层治理的秩序构建和制度供给。同时，封闭社区和业主委员会的出现在一定程度上已经打开了一片相对自治的空间，业主们利用各种手段争取自己的合法权益（消费者权益和住房权益），反对房地产开发商和物业管理公司的非法与不公正行为。一些学者把这种现象看作公民社会、基层治理、基层民主的雏形，但这些学者同时对中国的中产阶级能否超越自己狭隘的消费者角色和自我利益，来关注有关社会公平和正义等其他更广泛话题表达了深远的忧虑。

当然，学者们也指出了封闭社区带来了众多的负面效应，如造成公共空间的私有化，阶层之间的居住隔离和社区治理的碎片化，等等。由于大型封闭社区是造成城市道路拥挤和交通堵塞的原因之一，因此打开封闭社区的建议不仅成为社会公众关心的话题，而且也被纳入政府的政策议程之中。然而由此引发的空间分配正义问题与开放小区的相关法律问题则成为政策推行的现实羁绊。

三、中美封闭社区治理策略分析

自封闭社区诞生之日起，人们对其评价就褒贬不一，我们可以从对其的比喻中窥见一二：带门的天堂、城市堡垒、微缩城市的独立王国、城市中的孤岛、城市癌症和现金奶牛（Cash Cow）等。美国是现代封闭社区起源的主要国家之一，通过对其研究，我们发现，美国封闭社区的起源可以归因于社会经济状况、种族歧视、私人偏好和城市公共服务供给等一系列因素。在其实践过程中，有学者认为，美国封闭社区是组织和分配公共产品的一种新颖有效的方式。特别是布莱克利和斯奈德更为深刻地指出，美国封闭式社区展示了各种各样的社会张力："存在于由于恐惧而产生的排斥倾向和保护特权及公民责任之间；存在于公共服务私有化倾向和公共产品及全部福利共享之间；也存在于个人和社区共管环境的需求与让外来者成为同一群体的危险之间。"

与美国封闭社区孤岛式的格局不同，中国式封闭社区已经成为城市住区开发建设的基本单元。在后单位制时代下，社区是中国社会基层建设强制性制度变迁的产物，而封闭社区"在很大程度上是由政府话语和市场因素掌控的，而政府话语和市场因素在很大程度上又是为地方政府的社会秩序和发展战略服务的"。在这个过程中，地方政府、房地产开发商和正在逐渐形成的中产阶级都获得了巨大的体制性空间，并逐步形成了自身的资源汲取、获得机制和利益表达途径。从这个角度来看，作为"权力规训空间"的新产物——封闭社区的产生有其必然性和合理性。在未来可预见的一段时间内，封闭社区的发展依然势不可挡。如何在加强国家基层政权建设的同时解决封闭社区治理过程中出现的种种问题，将成为今后中国城市政府面临的一个不可回避的挑战。

第四节 社区营造——公共治理的基层实践

公共治理是促进国家治理体系的完善和治理能力现代化的重要途径。在中国，公共治理的实践面临着来自公民社会、文化理念、授权的领域和程度、合作及协同以及发展的持续性等的挑战。社区营造是近年由下而上蓬勃发展起来的基层治理实践，它具有地域性特点，以社区最易激励民众参与的务实领域为切入口继而拓展，无论是在培育社会主体参与公共事务的意识和能力、文化建设方面，还是在创新工作方法、构建协同共治体系以及汇集资源创造价值等方面，都做出了符合国情的有益探索，并取得了一定的成效，因此，将社区营造作为公共治理实践的落地抓手，可以有效应对其面临的挑战、促进治理能力的提升并构建出公共治理持续性发展的基础。

一、公共治理的缘起与挑战

（一）公共治理的起源及在中国的运用

20世纪八九十年代以来，公共治理理论和实践率先在西方国家被推行起来，其背景一方面是民众对政府提供的公共服务不满意，另一方面是政府本身面对财政压力，需要一种新的公共管理机制来提升政府能力以应对危机。一般认为，公共治理理论是为了应对政府失灵和市场失灵而开出的药方，尤其在公共服务的供给领域，政府失灵和市场失灵同时存在，资源的有效配置得不到实现，民众日益增长的需求得不到满足，生活获得感和满意度降低，公共治理一改过去政府和市场的二元主体模式，将社会纳入了治理主体范畴，形成了政府—市场—社会的多元治理主体格局。围绕着治理或公共治理理论，东西方学者都展开了积极的研究和探讨，如王亚华等总结的，西方学者"研究的范围从全球治理、国家治理、社区治理到公共资源治理，从治理主体、治理结构、治理机制到治理评价体系等方面进行了深入研究，推出了多中心治理、网络治理、元治理等有影响力的公共治理理论""多元主体合作的治理机制日益成为实现良治的一般性原则"。陆小成也指出"西方国家经济社会和管理危机催生了多元化、自组织、协商合作的公共治理模式。公共治理转型与改革的目的就在于节约公共开支，改进公共服务供给质量，使政府运行更加高效"。

从公共治理在全球的实践来看，在公共服务提供、环境及生态治理以及公共产品的生产等方面的运用都取得了良好效果。根据郭少青梳理的美国、德国、法国、日本等发达国家在环境公共治理方面的实践经验，这些国家在环境公共治理方面，非常重视公众参与和社会的力量，尤其在具体问题的执行上，引入市场机制并通过政府、市场与社会的多元互动提高了资源配置和环境公共治理的效率。

无论从理论还是来自全球的实践，都表明公共治理有着以下几个显著的特征：参与主体多元化，包括政府、市场（企业）、社会（社会组织、公民个体），并且一定是"有政府的治理"；是一种合作及协同治理；追求实现公共目标，包括公共产品与服务的供给和公共资源的治理。

当前，中国社会仍然处于转型期，政府管理面对着来自内外部的巨大压力和多重困境，急需找到有效的解决之道。从外部看，一方面，国际分工与合作势不可挡，中国作为发展大国不能回避对全球公共事务的参与，十九大报告也明确提出"坚持推动构建人类命运共同体"，这要求国家有相应的管理及治理能力。另一方面，在全球国家发展格局中，中国客观上还不能回避来自其他国家在各领域的竞争，各国都在想方设法构建自己国家独特的竞争优势，这对国家治理能力也提出了严峻的挑战。从内部看，一方面由于前期粗犷式发展，留下一系列隐患，公共问题频发（如基建、大化工等领域出现的维权事件），民众对治污、食品安全、放心的市场经济秩序等有迫切的诉求；另一方面随着生活水平提升，民众要求更多的公共服务种类以及更优的服务质量。面对这些问题及需求，政府不仅需要提高管理的能力，同时需要创新及增强社会资源的配置能力，而新兴的公共治理理论和实践，恰恰可以为政府改善治理之道提供重要途径。事实上，我国近年也陆续开始了公共治理的实践以及探索具有中国特色的公共治理之道，如开放有关大型项目的公众知情权、某些公共服务的外包以及 PPP 的实践等。

在中国推行公共治理，可以使更多的社会资源或力量得以进入治理体系，补充传统治理机制下政府资源不足、公共服务及公共产品提供不足或效率低下的困境；增强对民众需求的回应性，并通过民众参与使民众获得更高满意度，激活社会活力尤其是社会的创新活力；使民主协商政治制度具象化，增加协商民主的实质性内容；促进国家治理体系的完善和治理能力现代化的提高。多元主体参与治理，其中蕴含了促进政府职能的转变，具有使政府在经济新常态、社会治理新常态下转变角色，回归服务型政府的意义。

（二）公共治理实践在我国面临的挑战

我国还面临诸多挑战，主要表现在以下几方面。

（1）挑战一：公民社会成熟度低

公民缺乏参与意愿及自治能力，社会组织发育不够成熟。一方面，民众长期以来已习惯政府的单向供给，参与公共议题并且作为参与行动者的意愿较弱；虽然政府一直倡导基层的自治，但实践表现出的基层群众自治能力仍然普遍较弱。另一方面，中国的社会组织长期发育迟缓，近年随着治理的实践才开始逐渐呈现蓬勃发展之势，但区域差异比较明显，其中一线城市、沿海城市以及南京、成都、云南等地的社会组织发育势头较强，从专业水平、运营能力、远期规划等方面还有很大的成长空间，难以在公共治理尤其是一些大项目中挑起大梁。

（2）挑战二：文化的挑战

对此，王余生等认为，发源于西方资本主义国家的治理理论，其文化中理性、契约、自由等观念已成为共识，而我国几千年传统文化对公民个体影响所造成的自由民主、法治平等、参与责任等意识深度缺乏，暂时无法与公共治理的理念文化深度融合。从可观察的实践中看，其中所谓"契约精神"的缺乏在中国的经济及社会生活领域频现，尽管近年越来越被诟病，各界也在积极呼吁和构建诚信体系，但不可能一夜改观。

（3）挑战三：授权的领域和程度

如果认同公共治理格局中，政府与市场、社会是协同的伙伴关系，则存在传统政府管理权力的让渡或权力的重构或分配问题。授权的程度从某种意义上决定了参与主体的平等性，体现在议题发起、辩论过程以及对最终决策的影响力方面。过低或过高、过窄或过宽的授权或分权势必导致不同的资源组合效应、价值创造效应以及社会效应，对多元主体参与治理的实践形成巨大挑战。如果存在权力重构，那么主导公共治理实践的政府就不得不思考权力重构的基础问题、边界问题等。从这个角度看，中国政府正在进行的机构改革和职能转变，可以看作对让渡权力以及调整权力结构的推进实践。从西方公共治理的实践看，在涉及公共产品或服务的提供以及公共利益如生态环境保护、安全风险防控等方面，公共治理更有成效。

（4）挑战四：协同及合作的困境

公共治理最基本的特征是多元主体共同参与治理，其有效的治理方式必然是协同共治或合作治理。虽然多元行为主体带来了多样性、异质性的资源，理论上存在通过资源组合达致价值创新，但因各行动主体利益诉求的多样性、复杂性及过程中可能存在的潜在动态性，以及各自行为或行动存在的惯性、路径依赖性，但若还缺乏科学的制度、规则设计，则困境产生。极端的情况，合作中，如果产生了"零和"博弈，则治理收益尽失，甚至负收益。系统结构、治理资源以及行为主体是协同治理机制必须具备的三条脉络，但现实中，要清晰捋清此三条脉络并将其有机搭建而达到有效治理却通常不易。

（5）挑战五：持续发展问题

一方面，目前的公共治理实践缺乏资源汇集机制（资源发现、资源匹配、资源到达或连接等），另一方面，如果没有合适的平台、体系、相应常态机制以及与多元主体日常行动的相容，则随着政府及社会关注焦点的转移，公共治理也很难说不流于类似"运动式"模式。

二、社区营造在中国的实践及特点

社区这个词来源于 20 世纪 30 年代，德国社会学家滕尼斯著作《社区与社会》（Community and Society）中认为，社区营造是指从社区生活出发，集合各种社会力量与资源，通过社区中人的动员和集体行动，社区完成自组织、自治理和自发展的过程。清华大学罗家德教授认为，社区营造是需要政府诱导、民间自发和社会组织帮扶的。社区营造具有以下几个特点：其一是社区居民的全体参与，发展自组织是一种重要形式；其二是关注有关本社区发展的议题，对此，日本学者总结包括"人、文、地、产、景"五个方面，分别指社区居民的福利及人际关系、社区特有的共同文化、社区特有的地理环境、产业及经济活动以及公共空间或生活环境的永续经营；其三需要凝聚共识、聚集资源、集体行动；其四是促进社区和谐、健康发展。

最早的有关社区营造提法源于 1951 年，联合国提出"社区福利中心计划"，后又改为"社区发展计划"，在全球积极推动下，不少国家先后逐渐开始落实实施。但我国的营造实践却更多地受来自台湾地区的影响。台湾的社区营造始于 20 世纪五六十年代，一直到 20 世纪九十年代才开始因为政府主导的"社区总体营造计划"而得到快速且有效的推进，此后又经历"新故乡社区营造计划"（2002 年）、"台湾健康社区六星计划"，以致如今有了如"桃米村"生态社区等这样的社区营造典范。

近年来，社区营造的实践在我国很多城市和社区铺开，甚至可以算是如火如荼。虽然各地的实践提法各样，如"社区共同缔造""社区协商""社区治理""社区居民自治""社区总体营造"等，但内容均可归为社区营造。从目前的整个态势来看，我国的社区营造在推动方面，还是政府主导、社会组织主动介入、社区自主推进等几种方式并存。其中难能可贵的是，虽然社会组织在我国还不够发育，但在不少地区的实践中，是社会组织在其中起到了积极的营造活动落地及推动作用。例如，虽然政府一直在倡导和呼吁加强社会治理及基层治理，但具体到基层政府，因为经验和资源的欠缺，表现出"心有余而力不足"。在有的城市，就存在有强烈社会责任感的社区公民，自发起来组织社区发展工作，建立了有名的示范社区的案例；对推动不力的地方，一些专业人士不厌其烦，持续坚持与基层政府、社区居民的沟通。社区营造中政府、社会组织、专业人士以及企业各司其职、合力推进。政府提供支持性政策和助力"社区培力"，社会组织、专业机构以及专业人士辅导实施并传播技能、经验、知识，企业进行可行的市场资源链接。例如，成都市民政局于2016年8月发布了《关于开展城乡社区可持续总体营造行动的通知》，在全成都地区推动社区营造的发展，一方面出台相关政策、提供前期扶持资金，另一方面帮助连接专业机构及专业人士进行"社区培力"。社区的营造范围包括城市社区和乡村社区。与欧美及日韩不同，我国的社区营造不仅落地城区，而且在乡村开花，甚至乡村社区展现出了更广阔的营造空间、更加展示了社区营造的魅力，如成都蒲江社区营造、云南某少数民族自然村落的社区营造。近年来积极探索和创造符合中国国情的工作方法，构建知识共同体。在浙江奉化，专业机构帮助实施"乡村培力"计划，探索设计了"自下而上"的"奉化实验"村建试点以避开"自上而下"的制度内在矛盾，由试点村庄主导组建多元团队，自下而上地对村建实行"自主提案"，其间通过培训、研讨、工作营、座谈、案例考察、跨省交流、国际交流等，提高奉化团队参与式规划设计的能力，实践结果表明基层的热情参与不仅培育了基层的自主及自治能力，也培育了基层与政府之间的信任，这对传统治理方式中政府始终不放心放开手给予良好启示。同时，社区营造相关领域不定期举办多种论坛，通过经验交流、知识分享以及思想碰撞相结合构建知识共同体，通过连接资源拓展社区发展空间、促进社区总体发展。社区营造本意是立足开发本地化资源，但与国外的实践不同，中国的社区实践表现出了极强的外部资源链接能力，特别对农村社区的发展起到强力助推作用。例如，在某乡村社区，参与营造的社会组织和企业利用自己的专业网络和技术平台，不仅为保护古村落献策献力，而且为乡村带去人员培力和市场营销资源，无成本或低成本地帮村民实施"走出乡村"的开阔视野、提升技能的工程，还帮助乡村提升农产品的市场价值等，从主要关注居住环境、文化生活拓展到诸如生态公厕、自然教育、民宿旅游、生态河岸、特色产品开发等更广的领域。

三、以社区营造的实践促进公共治理的发展

社区营造实践比较强调的是守望相助的社会学视角，但从公共治理视角来看，还有更多的积极意义，可以说，在中国情境下，社区营造是当前公共治理面临挑战的最好实践对策。

（一）社区营造激发了参与意愿、培育了社会组织

社区营造的具体实施，将共同参与嵌入具体的各项基层公共治理的事务中。例如，在文化生活领域，鼓励社区民众自发组建各类主题小组，以开展活动的资源配置议题诱使民众参与；在社区环境领域，鼓励有公益追求的居民或成为志愿者或组建志愿者组织开展社区公益活动；在乡村社区，以拓展农产品销路、开发本村旅游资源的盈利模式以及打造公共空间的议题激励村民参与等。这些"伸手即得"的与民众利益息息相关的"接地气"事务，使公民参与更加容易。

在社区营造中，对"社区培力"一直是基层政府最为重视的事项，其中，社会组织和专业人士起到了很大作用。从观察到的实践来看，一方面政府愿意投入资源，以购买公共服务的方式连接社会组织和专业人士，对"三社联动"相关人员进行培训、组织交流；另一方面社会组织和专业人士为社区居民培训如何参与公共事务的能力并以参与式辅导的方式教他们使用工具。例如，就参与公共事务的能力而言，公众就如何发起议题、如何有效地通过会议形成共识或找到解决方案等方面十分欠缺，即便有参与意愿，也会因所关注议题不受重视、参与过程的低效率或无效率、参与结果的不满意而失去参与意愿，参与的过程仍如一盘散沙，有时甚至在此过程中引发居民冲突。就此点，国内不少城市及乡村社区引入了专业人士培训和辅导议事规则，将复杂的议事规则简化为社区版，教会民众在共同规则下议事，如何提出议题，有不同意见如何提出和表达、如何辩论以及如何通过表决规则做出决策。通过观察发现，凡是经过培训的社区居民，在参与公共事务的议题时，开始逐渐学会面对问题和争议时更为理性，辩论问题的过程更为关注问题本身而不是过去常出现的跑题万里或者甚至演变出人身冲突，辩论的目标是形成可施行的决策，尤其是学会了妥协并且对妥协建立起客观和正确的认识。而这些能力，正是公共治理所需要的科学和民主素养。同样，在对社区营造的参与中，社会组织也建立起了问题导向的学习方式。在社区营造中，社会组织应该是专业方案提供者、专业技术输出者，

社区的问题引导社会组织持续构建和提升自身的专业能力与水平，也促使其更加明晰使命和价值所在，促进自身的成长和发展。

（二）社区营造是文化传承和文化创新的土壤

就如成都正在进行的城乡社区可持续总体营造所倡导的"出入相友、守望相助、疾病相扶、邻里相亲"一样，传统文化的优秀内涵得以传承。社区营造的结果，是一种社区人情社会的养成，通过不断增加和提升居民的参与度，居民从社区网络收获更多的"获得感"，从而增强对社区贴近的感情依赖和信任，彼此间产生更多的互信、互助和诚信，而信任正是"契约文化"的内核所在。另外，人情社会的养成也会培育出社区网络的社会资本，构建出"排斥""冷漠"以及"惩罚"等消极制裁机制，有利于减少机会主义搭便车行为，进而建立起社会信任机制。

同时，在社区营造的具体事务中，激发个体活力及发挥创造性得到鼓励。例如，在社区公共空间的打造上，群策群力，创新性想法和做法容易获取社区认同感，如某小区有居民主导开发了可耕种的楼顶菜园，从征集志愿农夫、设置产品分配机制等方面做了一系列创新，不仅为小区居民低成本带来了绿色蔬菜，还为小区青少年开辟了自然教育基地，甚至助力了小区安保，在社区获得了高度认可。

（三）社区营造探索和积累了合作及协同共治的制度和机制

社区营造的着力点表面看起来在培育社区的自组织和自治理，但本质上仍然是政府、社会组织、社区以及企业等多元主体的合作及协同共治。因为基层面对错综复杂的利益群体，所面对的公共事务既琐碎也可能影响力大，对合作及协同的挑战非常大，既涉及各主体之间的合作及协同意愿，又涉及开展的方式、相应的制度及具体实施的机制。社区营造的实践，往往先选择容易展开实务的切入口，如社区的文化活动开展、公共空间的硬软件打造等，在其过程中积累经验、探索适合国情的合作及协同模式，使社会有序而理性地参与到公共事务中，这种以点及面、以面及体的试点模式在我国展现了最有效的成果，同样在公共治理领域，社区营造恰如这样的试点抓手。事实上，的确不少社区在政府主导、社会组织及专业人士助力下，正在积极探索构建一套基层治理体系并取得了一定成效。社区营造的实践可以为一般性的公共治理尝试构建出一套制度、规则，甚至可为更多区域及更广领域的公共治理体系的构建提供借鉴。

（四）社区营造持续探索了政府授权的领域和程度

从国内外社区营造的实践看，协同治理的领域主要集中在社区文化建设、邻里关系、公共空间打造、古村落保护、灾害应急、养老以及乡村特色产业发展等方面，议题集中于民生及环境，而非政治议题。毕竟，社区营造具有一定的地域约束性，因此，完全可以尝试通过社区营造，开放更多的共治领域，尤其是涉及民众福利而政府供给又缺乏效率（缺少或者成本高）的公共服务供给领域，让社会主体和社会资源能起到更大的拾漏补缺或服务替代作用。基层政府在其中的权威优势、共治机制的约束作用，可以探索更多的实质性民主举措，甚至政府权威可以通过对多元主体资源的整合（包括能力和发挥的功能）取得绩效而得到客观性的扩张。

（五）社区营造为公共治理构建持续性发展基础

从网络的视角看，社区营造建立起的是具有多样性、多面性特征的社会网络，其发展具有渐进性，对公共问题的处理更具柔性且更强调共识，这样的网络所形成的社会资本对社区及地方发展具有强的支撑性，所汇集的资源可以为地方创造巨大价值。根据国外的经验，社区营造形成的网络最终可能跨县域、城市域甚至国域，因此也形成了对进行更大区域公共治理所需的社会参与平台途径。

社区网络既具有封闭性又具有开放性的特征。其封闭性一方面源于网络成员的主要构成具有地域约束特征，另一方面源于公共规则对其中成员的约束，这有助于凝聚共识、传承文化以聚力解决当地公共问题。其开放性一方面表现于网络中的成员可以自由进出，另一方面源于保持对外来主体如社会组织、企业的开放程度，这种开放式网络不仅源源不断地为社区及当地带来丰富的资源和社会资本，还具有学习型网络的特征，可以保持开放式创新来源的可能及潜力，有助于公民社会的持续培育及能力成长。

总之，社区营造是促进我国公共治理实践的落地抓手，或者就是公共治理的基层实践。公共治理在我国实践面对的挑战也正是其运行生效所需的关键，要素达成包括公民参与和公共精神、诚信文化、合作和协同。这些要素在我国社会暂缺禀赋，又不能一蹴而就，社区营造正是培育其的恰当土壤，并且又能从治理角度演化或发展出一套经过实践检验的恰当制度及规则体系。这种自下而上的实践与自上而下的治理要求可以在此有机结合，从而有助于构建出科学有效的国家治理体系，同时促进治理能力的提升。

第五节　基层党建引领乡村治理权力重塑的理论与实践

党的十九大提出乡村振兴战略，乡村基层党建必须坚持以乡村振兴战略任务为目标，将实现乡村振兴与引领乡村治理结合起来，把乡村基层的生产、生活构成乡村基层党建的实践基础，相应的理论研究也应因乡村振兴实践发展而深化。新时代推进乡村治理体系和治理能力是实现国家治理现代化的基础环节，其首要条件是明确好基层党建在乡村治理中的地位和功能。党建引领乡村治理现代化，就是在乡村治理进程中以创新基层党建强化基层党组织的领导能力，同时提升乡村社会内在的自治能力，构建执政党与社会、党建与自治的新型互动合作模式。这种新型互动合作模式，一方面坚持了中国共产党领导的核心地位，另一方面激活了乡村社会治理的自主发展能力。而这种引领乡村治理权力重塑的本质即权力的实现。

一、基层党建引领乡村治理研究的新视角

基层治理作为一个政治制度框架或政治结构中最基层的权力运作过程，其核心是基层民主，其方式是运用权力去引导、协调和规范各种社会活动，其目的是最大限度地维护国家公共利益。乡村基层党组织在乡村治理结构中处于领导核心地位，发挥基层组织的引领作用对推进基层善治有着至关重要的作用。目前乡村基层党建研究主要集中于基层党组织在乡村治理中的角色定位、原则要求、发展路径及具体经验等方面，理论高度不够。因此，当前党建引领乡村治理研究应该有新视角，以提升研究的理论水平。

党建和社会治理是两个领域。但从现实看，党组织深深嵌入基层社会中，是社会治理的主导力量；从社会视角看，虽然其具有自主的发展趋势，但离不开党组织的参与。执政党与社会的关系既不是西方政党与社会的结盟关系，也不是中华人民共和国成立初期执政党与社会的一体化关系，而是一种新型互动合作关系。这种新型互动合作关系，一方面体现在中国共产党领导的核心地位，另一方面体现在社会多元主体的自主发展。新型互动合作关系中的"引领"就是以执政党的领导核心地位为前提，同时尊重和保障社会多元主体的自主发展。而在此情况下乡村基层党建既要加强中国共产党领导，又要带动乡村社会自主活力，这成为乡村基层党建的重点和关键。

鉴于中国共产党在中国政治中的核心地位，党组织与基层社会的关系是一种政治关系，党建引领乡村治理的目的是在基层社会维持和扩展党组织的权力

影响。中国共产党的权力实现方式就是对党的领导方式和执政方式的本质抽象。乡村基层党组织的权力重塑过程就是乡村基层党组织维持党组织权力的行动过程。

自改革开放以来，党组织所面临的社会环境已经发生重大变化。同时，乡村治理的新背景、新格局要求继续坚持中国共产党的领导，明确自身的角色定位和治理功能。在实践中，乡村基层党组织应采取行动保持和扩展党组织在乡村社会的权力影响，以适应新的治理环境，更好地引领乡村治理的健康发展，使得基层党组织的权力得以巩固和强化，也使乡村社会能够继续自主发展，激活乡村社会发展的内在活力。

二、基层党组织的权力本质：适应乡村治理环境的领导能力

从权力实现的角度理解基层党建引领乡村治理，就是辨识基层党组织权力运行与客观环境的互动机理。

（一）权力与依赖：权力重塑的根本动因

组织社会学认为，任何一种权力关系都是相互依赖关系，依赖体现的是个人或者组织由于对特定资源的需求和期望，而不得不受制于特定个人或者群体的情境。这就意味着任何个人和组织都是一个开放系统，需要持续地与其他人和组织构成的社会环境进行资源交换，由此就形成相互依赖关系。资源的有限性和稀缺性使得任何一个组织或者个人都有动机建立稳固的权力关系。同时，以资源依赖形成的权力关系本身是动态的，原因就在于资源关系不是一成不变的，其会随着环境的改变而发生变化，进而对权力关系产生影响。这就有了权力重塑的必要。权力的重塑过程就是对资源依赖关系的有效管理和控制过程。同样，一个政党只有具备必需的资源才能体现自己的存在价值，并维持自身的生存和发展，而拥有雄厚的资源更是政党执政不可缺少的条件。这就意味着执政党与其他社会主体之间构成相互依赖关系，相互依赖的核心就是对特定社会资源的需求，这也使得执政党存在权力重塑的动机，以建立某种稳固的依赖关系。对以中国共产党的党建引领乡村治理的权力重塑，其本质就是自人民公社、村民自治以后再次重塑和完善党组织与其他社会主体的依赖关系。

（二）适应与改变环境：权力实现的行动策略

中华人民共和国成立后，中国共产党全面领导国家与社会，同时成为国家和社会的领导核心，党的作用主要体现在整合社会、提供领导和保证发展三方

面。自 1958 年人民公社运动始到改革开放之初，乡村社会实行了高度一体化的社会管理模式。在人民公社体制下，农村基层党组织在人民公社设立基层党委，在生产大队层面设立党支部，在生产小队层面设立党小组。农村一切行动的开展都由党支部在公社党委领导下组织开展，党支部是农村各项工作的领导核心，也是重新整合乡村社会的主体力量。这一时期，党组织依靠国家政权和掌握的资源优势，对社会个体和组织建立了强制的依赖关系。这种依赖关系具有典型的不均衡特征，其以对几乎全部的重要稀缺资源的垄断为前提。同时，这种强制性依赖关系削弱了执政党的社会功能。

自党的十一届三中全会后，我国农村基层进行了"政社分开、乡村分治"管理体制改革，即将人民公社机构改建为乡镇政府，将生产大队改为村委会，并成立乡镇党委和村党支部两级基层党组织。随着《中华人民共和国村民委员会组织法》的颁布实施，我国农村基层的"乡政村治"体制正式确立。而随着农村经济和社会结构的转型发展，农村社会的开放性、流动性和多元化等特点日趋明显。我国政党与社会的关系核心在于中国共产党的领导与社会自主性之间的关系。自改革开放以来，农村社会自主性萌发，使党组织的权力日益淡化。党组织、社会组织和个人都拥有各自的资源并相互独立，原来强制性依赖关系逐渐解体，社会主体具有更多的自主性和选择性。资源变动使得依赖关系变迁，依赖关系也处于一种交换协商的过程中。最终的结果是：一方面社会自主性增强需要党组织协调不同行动者的关系，建构新的社会秩序；另一方面也需要党组织通过有效的社会治理行动赢得社会认同，获取执政的合法性和权威性。党的基层组织拥有对基层事务的领导权力，这是作为执政党本身固有的权力。但在中国共产党科层体系中，其直接面向社会，应该具有更多的社会功能，参与对乡村治理成为党建的工作重点。

当前，乡村基层党组织获取生存需要的资源，正是权力实现过程建立新的关系，巩固党组织的执政地位。原来强制性关系已经不适用，需要通过协商方式建立新的关系，中国共产党必须不断向社会证明自身的价值与意义，并获得社会认可的权威。在社会自主性不断增强、资源依赖关系发生变动的环境里，中国共产党已经对这种变化有了清醒的认识，因而不断强化党组织建设去适应新的社会环境，重塑领导权威。作为党的乡村基层党组织适应环境和改变环境，重塑自身在乡村社会的领导权威，成为基层党组织权力重塑的行动策略。

三、基层党组织的权力内容：重塑乡村治理的领导性与治理性

当前农村基层党建引领乡村治理的权力重塑实践，主要包括乡村治理权力载体的再造、治理性权力的实现和领导性权力的实现，其中乡村治理权力载体的再造是基础，治理性权力与领导性权力的实现是具体内容。

（一）党组织结构的实践创新者：乡村治理权力载体的再造

农村基层党组织要引领社会治理，行使领导性权力和治理性权力，必须强化组织建设。组织载体的创建与再造构成了农村基层党建引领社会治理权力实现的重要方式。我国乡村权力载体的再造方式呈现出多样化特征，这与各地域的社会发展环境和治理需求密切相关。中国共产党的乡村权力载体是村党支部和支部书记。多年来，村党支部与村委会是村级治理的两驾马车，其中村党支部起到领导作用，村委会负责具体的村庄事务，村委会之下是各村民小组。但在小农经济基础上建立的村民小组具有规模小且分散等特点，导致村民小组功能虚化、作用衰微。以小组长为主体的村民小组基本上"形同虚设"，影响了村级治理的效果。事实证明，要提升村级治理实效，仅仅依靠村民自治组织存在不足，而党组织的特殊性使其成为村委会之外强化村级治理的抓手。因此，村级党组织的结构创新成为党建引领村级治理的一种选择。湖北省大冶市茗山乡茗山村通过重构村党组织的方式实现了权力载体的再造。茗山村在加强组织建设的基础上，按照"党员数适中、便于开展工作"的原则，根据村庄已有党员人数，以党员数量达到三人及以上为基准建立党小组。村党小组是强化党内管理和搞好党建工作的有效载体，并在具体职能上承担了原来村民小组的作用，弥补了原来村两委和村民小组架构时期治理能力不足的状况。河南省实践普遍采取"一编三定"方式，"一编"即编员进组，"三定"即定岗位、定职责和定奖惩，通过建立村党员小组发挥联系群众、执行政策等治理作用。浙江省余杭区塘栖镇丁河村则通过"党建+组织"的方式，将村庄划分为五个网格，以网格为单位建立五个党支部。网格既为党员活动阵地，又是村级治理中在村两委之外的协商平台。全国各地类似这样的基层党组织结构创新还有很多，总体来看，以组织结构创新为内容的农村基层党组织权力实现过程是十八大以来党建工作的延续，是基层党组织对党中央决策的回应，也是对基层治理需求的回应。

（二）服务型乡村组织职能的建设者：治理性权力的实现

现代政党政治虽然仍带有阶级性的痕迹，但更凸显其社会性特征，或者说

是大众性与全民性特征，社会属性取向的功能包括党组织要以民众的利益需求为导向，在充分了解社情民意的基础上确定党组织的工作目标并采取相应的发展策略。与竞争性政党制度不同，我国的政党制度是中国共产党领导的多党合作和政治协商制度，这种特殊性决定了中国共产党组织权力的特殊性。在长期执政和有效执政的需求下，不但要强化其领导性权力，更要发展治理性权力。治理性权力是党的社会属性的体现，是党组织在社会组织的属性上参与社会治理的权力，具体表现为反映和表达群众利益，协调各治理主体关系。治理性权力在当下具有越来越重要的地位。在乡村基层社会，党组织必须以基层为起点实现治理性权力，治理性权力实现的主要方式是乡村基层服务型政党职能建设。在当下的乡村基层社会领域，社会自主性的增强也在一定程度上造成基层公共事务治理的困境，基层党组织必须进行服务职能建设以填补治理真空。权力也是影响力，在权力关系中，当一方能够影响另一方则意味着权力关系的建立，基层党组织提供服务的过程也是实现影响力的过程，是基层社会依赖党组织的过程，是党组织获取社会认同的过程，即为基层党组织的权力实现过程。例如，河南省襄县双庙乡寺白村通过党组织服务职能建设，实现了基层党组织治理性权力内容的重塑。该村党组织新增政策咨询、便民服务、技能培训、教授种养加工技术、法律法规宣传、村务和惠民政策落实监督以及村内新风尚倡导等服务职能；浙江省宁波市北仑区以服务型党组织建设为抓手，建立以区域党组织为领导核心、以公共服务中心为依托、以和谐共建理事会为载体的"三位一体"新型社区化服务管理模式。可见，以服务型职能建设为抓手，乡村基层党组织正在实现党组织治理性权力的重塑。而治理性权力的重塑有助于党组织获取合法性资源。

（三）乡村多元主体合作的领军者：领导性权力的实现

中国共产党的领导是人民民主专政的国家性质、依法治国与人民民主的根本保证，这是我国政治生活的基本原则。从权力角度看，这种领导可以看作领导权，领导权在具体政治生活和治理实践中即体现为党组织的最终决定权和中心地位。从党组织的科层结构看，基层党组织具有基层社会的领导性权力，基层党组织的领导性权力在于支持广大人民群众当家作主。因此，以党建引领乡村治理的关键在于保证乡村治理中中国共产党的领导地位和人民民主的互动共生，这是农村基层党组织领导性权力实现的目标。随着农村经济的发展，农村社会出现了利益分化和阶层分化的现象，处于不同社会阶层的农民出于自身利益考量，自发形成一些农民组织。根据维护自身利益的需求或者达到推动乡村发展的目的，这些农民组织能够在一定程度上影响乡村公共治理。农民组织的出现有可能使乡村治理主体变得多元化，逐渐突破以村两委为治理核心的结构。同时，一些新兴的农民组织和主体有自己的资源基础，游离于党组织领导权之外，扎根于基层社会，又具有参与基层治理的需求，这是农村基层党组织领导性权力与各类农民组织相联系的节点。农民组织参与社会治理是人民当家作主的体现。因此，农村基层党组织领导性权力的实现过程就是使党组织在基层治理中能够统合各类治理主体，在满足农村社会新型组织参与治理方面进行有效的制度供给。满足与支持农村各类社会组织参与治理，使党组织保持对这些组织的引领权。如湖北省大冶市茗山乡茗山村在党建中注重明晰村党支部、村委会和新出现的村庄理事会之间的职责关系，实现了党组织、村庄自治组织与农村组织的三方互动，增强了村党支部的领导能力，提高了村委会的指导水平，凸显了村庄其他治理主体的参与效果。浙江省余杭区塘栖镇丁河村的基层党组织则吸收村委会、村务监督委员会、村民小组和驻村相关单位等形成村级治理协商主体。村党支部书记成为村级治理协商的协调者，增强了村党组织在治理中对各主体的统合能力，促进了村级公共事务的有效治理。而河南省襄县双庙乡寺白村则通过党员小组联系农户、农民经济合作组织方式，共同促进村级事务的治理。乡村基层党组织通过主动改革，整合各治理主体的关系，以助于促进党组织领导性权力的实现。

四、基层党组织的权力路径：提升乡村治理的领导能力

基层党组织建设引领乡村治理，是中国共产党有效执政和长期执政的目标，也是党建向基层社会领域的扩展过程，更是党的基层组织、社会治理性权力和领导性权力强化和扩展的过程。而乡村党的组织建设、社会治理权力与领导权力的实现需要密切配合、相辅相成。社会治理权力的实现离不开领导权力的支持，领导权力的强化同样需要借助社会治理权力的基层影响力。基层党组织只有充分融入乡村社会中，并以有效的行动对乡村社会治理产生积极的影响，才能有效领导和支持社会治理。乡村基层党组织只有提高自身的社会治理能力，才能获得农民的普遍认同和支持。因此，这就意味着基层党组织的权力实现从根本上是一个能力问题。在党建引领乡村治理实践中，不同地域的基层党组织在权力实现的能力上表现出差异性。从长远来看，消除差异性需要以党组织权力实现能力的提升为突破口，促进当地社会经济发展。当然，基层党组织权力受限于本身的组织资源，如是否有优秀的党员干部带头，能否凝聚普通党员和群众参与等。因此，从权力实现的视角，还需要从基层党组

织的工作动力、功能和组织建设方面入手,有效发挥基层党建引领乡村治理作用。

(一)增强基层党组织工作的主动性,疏通党建与自治的合作互动渠道

乡村基层党建需要上级党委的推动和部署,但更重要的是要增强乡村基层党组织的主动性。基层党组织必须消除上级推动行动的思想惰性,要牢记全心全意为人民服务的历史使命,以实现国家富强、民族复兴和人民幸福的中国梦,并以实际行动维护群众利益。这就要继续加强党员的使命感、责任感的思想政治教育,从观念上强化党员干部的自主性和主动性;另外更需要自下而上、平向互动相结合的方式,吸纳群众参与党建与社会治理,借助基层社会自下而上的推动,增强基层党组织的主动性和积极性。

(二)加强基层党组织的自身建设,提升基层党组织的领导性权力

按照"方向引领与固本强基相结合、建强班子与党内关怀相结合、整合资源与凝聚发展相结合、绩效考核与动态管理相结合"的思路,加强乡村基层党支部班子建设,不断提高乡村基层党支部班子的综合素质和基层治理能力,夯实乡村基层党组织队伍,探索创新选拔任用机制,把"两推一选"等选、考、任办法结合起来。要创新选拔任用机制,将懂农业经济、能促进乡村发展的农村优秀党员选进农村基层党组织班子;要把那些政治素质好、业务能力强和文化水平高的人充实到乡村基层党组织中。特别是在党组织建设上要将那些在当今经济社会环境中善于创业、敢于创新和愿意为乡村发展做出贡献的优秀社会成员纳入乡村基层党组织中,以此优化农村基层党组织队伍结构,从整体上提高农村基层党员队伍的先进性和战斗力,进一步改善党的工作方式,提高执政能力,加强组织建设。

(三)完善基层党组织的社会功能,提升基层党组织的治理性权力

推动农村基层党组织向服务型转变,建设基层服务型党组织,是基层党组织功能上的一个要求,目的是使基层党组织的领导方式、工作方式和活动方式更加符合服务群众的需要,通过服务更好地贴近群众、团结群众和引导群众,赢得群众,获取政治支持。农村基层党组织要紧紧围绕农村经济社会发展的大方向,为民间社会组织提供相关政策、信息和法律服务;为农民群众利益表达提供渠道,及时化解农村各个社会治理主体间的矛盾与冲突,要引导不同治理主体参与到乡村社会发展和治理格局中,营造乡村发展和治理的和谐环境,组织和引领群众推动农村经济社会良性互动发展。

第四章　中国基层治理的应用研究

第一节　制度通路理论及其在基层治理中的应用

近年来，为了加强基层治理、创新社会管理模式，各地出台了许多制度。这些新设地方治理制度中，很多都取得了预期的成效，但有些目前还无法实现设立目的，很多时候只留存于展示板上；还有一种情况，即某种在甲地运行良好的制度，被移植到乙地后，就难以发挥应有的作用、难以取得实际的效果。本节拟对广东省T市两组典型的基层治理制度进行比较，探讨其中的原因。这两组制度中，第一组运行于行政体系内部，其设计目的是通过某种形式的上级官员下沉，来增强政府公共管理的回应性；第二组的设计目的是通过培育村级自治组织，来提升基层"自我管理、自我服务"的能力。为何几项设立目标相似的基层治理制度会有迥异的运行表现呢？本节将依据制度通路理论，为制度及组织研究提供富有解释力的参考答案。

一、制度通路理论

社会学界，从黑格尔到涂尔干，从帕森斯到塞尔兹尼克，一直将制度视为价值或文化的外化形式，这似乎形成了一个传统。斯科特从规制性、规范性和文化-认知性等角度对形形色色的制度理论进行概括后，认为制度的功能在于"为社会生活提供稳定性与意义"。那么，需要追问的是，所谓"稳定性与意义"的实质是什么？另外，新制度经济学领域的学者，自罗纳德·科斯到奥利弗·威廉姆斯，再到道格拉斯·诺斯，他们都以交易成本为核心，讨论了包括市场、公司治理在内的广泛的制度形态。事实上，所谓成本，是从外向视角或者说制度使用者的视角来观察制度时使用的概念。那么，我们不妨换个角度来提问：对制度自身来说，成本意味着什么？社会学家吉登斯和威廉·塞维尔（William

H. Sewell）认为，制度的惩罚或者说规范机制之所以有效，是因为其与物质资源的非对称性相关。本节拟从对资源的重新定义出发，将以上讨论纳入一个统一的理论框架中，来研究当今中国的基层治理制度。

在既有研究中，笔者提出了"社会广义资源"这一概念。这里，将此概念进一步深化。社会广义资源指特定社会、社区共同体、组织内成员所期望的、有关生存和发展的物质资源、浓缩型信息，以及关系到这样的资源的生产、分配和占有的共同体内部的权威关系、荣誉、声望等。

在本定义中，社会广义资源包含三个层面。第一层面，社会系统（包括其组分）内关系到系统及其成员生存、发展的物质资源。第二层面，对社会系统的功能、构型等起到关键作用的浓缩型信息。这里主要指对生产型组织至关重要的高度结构化和浓缩化的生产技术性信息。第三层面，对如上物质资源及浓缩型信息的产出、分配、占有等发挥作用的社会体系以及共同体内部的权威关系、荣誉、声望等。

在本节中，制度特别是基层治理制度，被视为对社会广义资源在不同人群、社会组分、功能性组织之间进行配置、生产与运用时所采用的规制性通路系统。同时，制度通路本身也需要资源的维持。

社会广义资源的配置通路制度具有以下五个特征。第一，制度通路的形成，是以社会广义资源的不均衡分布为前提的。在物质性、信息性和权威性资源上处于优势的组分，决定了制度通路的流向、流量与分支结构。另外，制度通路的维持本身就需要一定的社会广义资源的投入。因此，制度通路建构最低限度的条件是，社会广义资源的丰厚性差异要大于制度通路的常规耗散。第二，制度通路具有规制性。在一个包括多样性制度实践的谱系中，这样的规制性可以通过趋于柔性的文化/道德规范与趋于强迫性的暴力/强制手段来表现。一般来讲，规制性的表现形态，与制度通路配置的社会广义资源类型与制度所处社会体系的性质相关。第三，制度通路具有系统性。制度通路一般由众多具有不同功能和发挥着不同作用的构件组成，这些构件负责调节社会广义资源的配置方向、速度、流量、精准性等指标，保障规制性的实现，满足制度通路本身的维持等功能性需求。也可以说，制度通路本身具有系统性。系统最核心的部分，可以说是制度通路"源代码"的规制性表达，即对制度通路如何配置资源、如何实现规制性、如何维持通路本身等问题做出表述。这里所说的表述，并不等同于特意书写、宣扬的叙述。事实上，大多数制度的源代码是不可见的，甚至是没有被明确言说的，但它们确实能被制度通路所归属的社会组分、社会系统的成员认识到，这些成员会以其特定的行为模式展现制度通路的现实存在。制度的可被认知性是其实践性的基础,同时,它也使得制度的核心源代码可以通过对制度实践的考察而被发现并昭示、复制,得到再生。社会广义资源的不均衡占有是系统性存在的前提条件,规制性则是制度通路系统的核心功能。除了规制性,制度通路一般还具有如下两个功能。①甄别功能。判断输送对象是否符合制度通路系统核心源代码对制度目的的设定。②输送功能。将不同性质的社会广义资源输送到制度实践的不同参与方那里。第四,制度通路的交互性。制度通路并非单向的,其在任何情况下都是多向的,至少是双向的。人们往往以制度通路物质性社会资源的配置或较显著的配置方向来确定其基本属性。其实,那些被忽视的或不易被发现的资源流向才是制度通路最关心的,引导这些资源的流向是制度通路设计的重要目的。行政机构面向区域内不同人群、机构、社会功能组织进行的公共资源配置是行政配置通路的显性流向。而此制度管道的隐性流向是社会群体对公共机构合法性的认可。这样的来自社会不同角落的对合法性的认可,犹如一张张具有不同评价等级的收纳回执单,这样的无形的收纳回执单是"调制"权威性社会广义资源的原材料。只有公共机构收集了足够多的合法性认可,其权威性社会资源才能支撑起制度管道体系建设。而公共资源配置的均衡性、精准性以及回应的迅捷性的高低,即公共机构是否能识别不同配置目标(政策目标)下实现最优的资源配置序列和流序的方法,决定着不同收纳个体对合法性的认可程度,或者说收纳回执单的评价序列。第五,多重资源流动的复合性。这里关注的是制度通路中资源的多元性,即物质性资源、权威性资源与浓缩信息型资源在通路中是否得到较均衡的配置。

需要注意的是,制度通路的系统性意味着一个完整的制度通路可能由庞杂的组件构成,包括发挥各种附属功能的组件和分支性通路。这些附属组件,在现实生活中往往以"某某制度""某某机制"来命名,但其自身并不具有明显的资源配置性意义。如"两代表一委员"制度。孤立地看,该制度似乎只涉及人大代表联系群众的方式,实行该制度是为了鼓励人大代表更多地接触群众,实质上,它属于社会广义资源,是更大的制度通路体系的一部分,实行该制度是为了优化行政资源配置、打牢公共管理民意基础。

本节考察的几项基层行政管理和自治制度都具有配置不同性质的社会广义资源的功能。实行"两代表一委员"制度、"干部联系群众"制度(亦称"驻点干部"制度)的目的是,通过增强甄别端的灵敏性,达到行政资源配置的精准性和回应的迅捷性。这两项制度都以公共行政体系对资源的掌控为基础。同时,在制度体系构建中,新设制度都面临着制度通路运行本身的资源性需求。虽然两者在制度目的上具有相似性,但在对制度通路运行中能量耗散的处理上有较大差异。这也带来了两者不尽相同的运行效果。村民理事会制度设立的本意是基于社区社会广义资源不均衡分布的现实,形成统摄性的资源配置中枢机构。居于村民理事会核心地位的成员掌握了充分的社会广义资源,包括物质性资源、文化权威性资源。成立村民理事会实质上是将这样的不均衡资源分布制度化了。而在移植该项制度后,由于忽视了其存在的资源性前提条件,因此制度运行有名无实。

二、广东省T市两项基层行政制度结构的比较

"两代表一委员""驻点干部"制度是广东省T市在社会治理中出台的两个新设制度。从制度设计形式看,两者有一定的相似度,都是上级委派干部到村社,来协助基层干部治理、了解和反映民众诉求,解决相关问题。实质上,两个制度都是公共资源配置制度通路前端的感应、反馈部分。下面拟对两个制度的设立目的、运作机制、运行逻辑等进行分析和比较。

(一)制度设立目的比较

"两代表一委员"制度主要由T市社会工作委员会(简称"社工委")负责推动,以带动基层人大代表、政协委员联系选区内党员和群众,提高代表委员履职水平为出发点。制度初始目的被表述为:①发挥人大代表、政协委员在闭会期间联系群众的作用,提高履职成效;②畅通社情民意表达渠道,听取民意、广集民智。服务对象主要为基层社区民众。

"驻点干部"制度,其负责机构为基层镇街政府,设立目的是推动基层干部与特定村落、社区建立长期联系,其运行方式是包干到村,它本质上是一种将"维稳"、信访、协助村庄发展等责任分配到人的管理制度。其制度目的被表述为:①促进政府职能转变、提高服务本领;②以解决当前农村存在的突出问题为重点;③密切党群干群关系。其协助、服务对象包括村两委和村社居民。

两个制度的设计目的相似,都是协助基层治理、促进基层治理水平的提高、反映民众诉求等。但是,主责机构不同。"驻点干部"制度以镇街政府为主要推动单位。镇街政府虽然其行政位阶不高,但有权直接配置区域内公共资源,或者说对配置过程有相当大的影响力。而社会工作委员会是广东省的一个新设机构,其设立的本意是推动社会建设,但其在既有行政体系中的地位较模糊,可直接动用的行政资源也相对有限。这两个主责机构对行政资源掌控程度的差异,也在很大程度上预示了两项制度不同的命运。

（二）制度运作流程比较及评价

根据制度通路理论，制度通路本身的维持与运行需要资源的投入。这也就意味着，有限资源在运行过程中被高度消耗的制度通路必然难以维持。这样的制度，其内部结构往往过于繁复，控制端过于严密。社会广义资源与信息流动路径重叠，使得大量资源用于结构运行，这样就影响了其运作的持久性。

"两代表一委员"制度中的主要工作职能项包括两条：①民情接待、调研视察、走访群众等；②综合梳理意见建议，提出初步办理意见，交有关部门办理，并跟踪落实，办结后公示，反馈群众。显然，作为公共资源投入制度通路的附属性构件，该制度试图发挥需求甄别、联系行政资源投入机构的作用。但其流程设计相对复杂。其主要运作流程为提交、审核、交办。①提交。将意见提交到镇街"两代表一委员"工作室。②审核。由区社会工作委员会会同或移交给区所属镇街的工作人员了解情况，并确定是否受理，不能受理的要说明原因。③交办。其又分为四种情况：由镇街或政府部门处理；需要跨部门处理的，通知当事人直接联系；重大问题，由社会工作委员会交由上级（区委、区政府）处理；监督、反馈。

从如上办理流程中不难看出，该制度并不实际参与行政资源的投入，而是将搜集到的基层需求信息转交给镇街或上级职能部门，并督促执行。这样的设计显示出主推机构社会工作委员会缺乏公共资源掌控权力的现状。不妨将此制度想象为在既有公共资源配置通路外壁上加装一台监测和反馈装置。笔者将这一新"监测装置"运作流程以结构图形式绘出。其结构包括五个阶段、三个层级。基层诉求信息、协调性信息、监督反馈信息等在行政机构的基层、中层和高层间往复运行，指令性信息视不同情况和需要在基层代表委员、基层职能部门、中层职能部门和社会工作委员会间做往返性流动。

反观"驻点干部"制度，其主体职责设计和运行结构设计相对简明、清晰。更重要的是，该制度能够较好地与既有科层制内部职责体系和相关组织形式相接合，不需要额外动用资源搭建运作框架。其主要职责可以概括为协助村干部及时排查调处各类矛盾纠纷、参与村级事务、协助制定实施村级发展规划等。"驻点干部"制度需将当月收集到的意见建议、问题解决情况等交到镇组织人事部门进行汇总，然后提交镇两委会议讨论，接下来分类交给相关部门办理。

在结构上，"驻点干部"制度只有两个层级（镇、村社）、两个阶段（驻点阶段、反馈阶段）。"驻点干部"本身就是相应镇级政府职能部门的官员，可以直接推进工作或协调解决问题。统一协调工作利用镇级政府的例行会议进行,并不额外增加组织成本。同时,"驻点干部"作为镇级干部,在科层权责上有对应,其本身就负有指导村两委工作的相关职责(驻点工作队的组长、副组长基本上都是从镇级政府领导或中层干部中选出来的)。而"驻点干部"制度为已有职责更好地履行提供了切入点和推进器。

要处理好新设机制与既有社会广义资源配置通路体系之间的关系。任何一个新设机制,都有对体系资源配置的潜在期待。从行政机构的角度来看,这样的期望可以分为两个基本层面。第一个层面是对物质性资源的期待,即期望从既有分配体系中节流部分资源以维持新设机制的运行。第二个层面是对权威性资源的期待。通过介入公共资源配置体系,影响资源配置过程,新设组件就可以得到来自科层制内部的权威性认可和来自接收端(群众)的合法性认可。而后者最终可以被调制成"政绩",此为在行政体系内获得更大的社会广义资源掌控权的重要依据。很明显,这样的期待很多情况下是极力避免被表征和言明的。但以此为视角,能很好地解释新设机构与既有体系组分之间潜伏的持续紧张关系。

科层制设计已有数千年的历史,但其真正登峰造极,是工业革命和工业化以后。这是一个强调对时间和任务的精确规划与公共文化管理的资源、信息流动和配置体系。应该看到,在以科层力量推动制度创新的过程中,人们常常忽视其他形态的资源、信息配置体系的存在。其实在农村社区,村民与基层干部有较多的接触机会,也有各种正式和非正式的联系途径。有的基层工作者认为,"有些新设制度,其形式意义大于实际意义。因为如果有村民确实想反映自己的诉求,他也不一定非得等到基层干部驻点的那一天才来找,有的时候直接就来了。很多村民都是很熟悉我们这些基层干部的,他有问题就会跑到政府这边来,并不是说非得等到某一天才来找。"从这些话里可以看出,在农村社区,基层干部与群众之间的关系更多地内嵌于"熟人社会"中,群众有诸多非正式的途径来反映自身的问题。而刻意以标准化的程式来规划乡村世界,往往收不到预期效果,还会在事实上造成行政资源的浪费。

三、村民理事会制度分析

2010年3月,广东省政府正式批复同意在云浮市设立全省农村改革发展试验区(粤发改农经〔2010〕84号)。2011年4月,在云安县(现为云浮市云安区)石城镇留洞村村委会正式成立了横洞村乡贤理事会。这是云浮市第一个乡贤理事会。2012年3月，经过试点、示范，云安县开始全面推广三级理事会。乡贤理事会的主要职责是调解邻里纠纷、协助兴办公益事业、协助村民自治等。

学界一般认为，传统农村地区有宗族网络，有乡绅等文化、经济精英，有自身的社会广义资源配置体系。云浮地区的乡贤理事会作为一个社区统摄性资源配置体系，恰恰是将村庄社区社会广义资源的不均衡分布状况显像化了。根据孙敏的研究，从化地区依旧保留着较为完整的宗族形态，宗族之下保留了以内部血缘差异为基础的房支结构。宗族文化对村民生活有巨大的影响力。乡贤理事会作为一个资源配置体系，巧妙地接纳了社区内拥有众多社会广义资源的精英。乡贤理事会的领导核心：一般是村庄内德高望重的老者，他们在村庄内外事务中拥有最高发言权，往往成为幕后掌控村庄大局的人物。理事会中的房支代表基于各宗族内部血缘结构而产生。理事会基本上会保证村落内每个房支都有其代表，他们一般都是每个房支中说得上话、有威信的人物。一般都由这些带头人和代表商量决定房支内部事务及村庄事务。可以看出，经政府确认的乡贤理事会制度与社区既有的根植于宗族、血脉网络的自治制度相互嵌套。乡贤理事会成立以来，通过地缘、族缘、血缘关系，发动那些活跃在社会各界的人士，利用社会广义资源反哺家乡，为乡土输送资源，同时挖掘乡土潜在资源，促进了乡村发展。

（一）S村村民理事会介绍

T市S村村民理事会的产生是学习、移植云浮地区乡贤理事会的结果。2013年7月，由当地社工部门牵头，在S村成立了T市首个村民理事会试点。理事会由9人组成，其中，理事长1名、副理事长2名、理事6名，其身份包括退休干部、教师以及卸任的村党支部书记等。理事会成员由上级和村两委推举产生。当时，很多人都担心对云浮的经验能否运用到T市。所以就选了一个比较小的村，这个村相对比较纯洁。由此可知，移植选点时，重点考量的并不是这方水土、这里的民情是否适合于该制度生长，而是风险防控。选择S村作为试点就是如此。

（二）S村村民理事会制度实际运行情况分析

S村村民理事会成立后，积极向村两委反映村民的意见建议，协助村两委办理村内公共事务、发展公益事业，发挥了应有的作用。村民理事会对S村的发展也提出了自己的设想。有村民理事会成员提出，应当加强村落基础设施建设，如修建步行公园，完善村庄整体布局；修建环村路，改善村庄交通条件；等等。村民理事会成员提交建议的方式主要是利用日常各种机会直接向村干部反映，他们并没有做更多的论证和特别的准备，也未在理事会上进行充分讨论。此外，在处理村内一些纠纷的过程中，理事会成员还充当了协调人的角色。S村村民理事会成立初期，热度很高，之后慢慢冷却，现在，其运行基本处于停顿状态，不像云浮地区乡贤理事会在村中仍有巨大的影响力。原因在哪里呢？下边从几个方面对S村村民理事会与云浮地区乡贤理事会做一个比较分析。

第一，在理事会成员对村庄内社会广义资源的掌控程度方面，S村村民理事会与云浮地区乡贤理事会有很大差别。云安县最早成立的乡贤理事会的负责人由在社会上有很强动员能力的企业家或宗姓祠堂中的长者担任。前者利用其雄厚的物质性资源，在村里做了大量慈善工作，这使得物质性资源向权威性资源转化，给其带来了很高的威望。正因为具有这样的实力基础，当地的乡贤理事会才有巨大的活动能量，才能够在村庄发展中发挥巨大的作用。而S村村民理事会主要由退休干部、退休教师组成，虽然他们在人品上得到了群众认可，但是在动员能力上，与云浮地区乡贤理事会成员还有一定差距。社会广义资源动员能力的欠缺导致村民理事会成员在村务管理中常常处于尴尬的境地，无法充分发挥自己的作用。特别是在"拆房子修路"这类容易引起村民不满的事情上，村民理事会由于自身根本没有实力独立摆平，所以往往两头讨好却两头都不落好——一边是村民找他们反映情况，要求解决问题；另一边是村委会希望他们协助做村民的工作，推进项目。理事会成员一方面要考虑左邻右舍的感受，帮助村民反映情况，维护村民的利益；另一方面又要站在村集体的立场上说话，规劝村民顾全大局。这两方面的关系若处理不好就很有可能得罪人。这样尴尬的地位让理事会成员感到"很受挫"，于是，一些理事会成员在这些事情上干脆就不露面，发挥作用更是无从谈起。另外，制度运行本身是需要消耗资源的。初始阶段，社工委还为村民理事会争取到一定的专项资金支持，理事会得以维持日常运作。但近两年，这样的支持并没有持续下去。S村村民理事会根本没有能力也没有动力利用自身的社会广义资源来维持制度运作。可以说，S村村民理事会既没有足够的物质性资源，也缺乏由村庄文化网络赋予的权威性资源。由此可见，先期社会广义资源的占有状况，直接影响村民理事会作用的发挥程度。

第二，在理事会制度与既有社区资源动员制度联系的紧密程度上，S村的村民理事会与云浮地区的乡贤理事会有很大差别。像岭南诸多村落一样，S村也存在宗姓祠堂组织。这些组织每年都要举行春季拜山和清明祭祖活动。一些大姓祠堂还号召海外同宗资助村内牌坊和道路的修建。村中最大的祠堂是曾姓祠堂，该祠堂的日常事务由同宗族人推举的三位理事主持，这三位理事在村庄内均有较高的威望。显然，与云浮地区一样，S村也具有依赖血缘精英网络实施社区资源动员的机制。然而，S村村民理事会主要成员并未包括祠堂核心人物，在日常村务管理上，村民理事会也未与村社隐性广义社会资源配置网络发生关联，村民理事会更多的时候是作为村两委治理的协助机构出现的。这一点与云浮地区不一样。虽然S村村民理事会移植了云浮地区乡贤理事会的管理模式，但二者还是有些许不同。S村村民理事会的运行受制于其发源路径，这一特征显示出村民理事会天然地将其合法性的来源归于正式治理体制。

第三，在自主建设能力方面，S村村民理事会与云浮地区乡贤理事会有一定差距。S村村民理事会并非"自下而上"自发产生的，它的产生来自上级政府的推动，是由上级促成的。理事会成员及会长主要由村委会和相关部门推选产生。对理事会的成员来讲，本村村民理事会的成立"有些意外"。从上级有关部门得到通知，要把S村作为村民理事会试点时，现今的很多成员还不知道理事会是做什么的。另外，规定村民理事会核心属性的章程的制定，理事会成员也没有参与。可以说，S村村民理事会是被动成立的。这种情况直接影响理事会成员工作主动性、积极性的发挥，导致其缺乏明确的目标和内生发展动力，责任感不强。

内生发展动力缺乏的根本原因是没有建立起持久性的资源回馈机制。来看作为原型的云浮地区乡贤理事会。一些在外创业成功、有充足物质性资源的村民之所以愿意投身于村级事务中，是因为这一举动能为其带来荣誉、心理满足等回馈，并增加其权威性资源。这种权威性资源来自正规科层体制与社区民众两个层面，对村级事务的参与很可能在其他方面给这些对获取财富的机会十分敏感的乡村精英带来回报。这样就形成了一个资源配置与回馈的循环。而主要由退休教师、退休公职人员组成的S村村民理事会，其成员多数只求宁心养老，对通过参与村级事务来进行权威性资源的积累并无很大意愿与需求。这样就谈不上资源配置与回馈的循环。

这里又涉及"自下而上"与"自上而下"的问题。二者本质的区别在于，在"自下而上"条件下形成的作为资源多元配置通路的制度，能够实现一种资源在各个参与方之间分布的平衡，而在"自上而下"条件下形成的制度无法做到。在我国公共管理实践中，一些以创新为旗号的制度设计实验之所以难以持续，是因为制度通路无法在各个参与方之间就资源配置建立一种平衡。与根据当地的社情需求自发成立的组织不同，带有"被动成立"特征的组织，其进行的创新机制运作受上级机构和领导的关注程度、一个时期的工作重点的影响很大。S村村民理事会成立之初，领导重视，对该项目予以资源倾斜；前来参观交流的人也很多。这给新机制的实际参与者很大的激励。实际参与者希冀上级持续投入资源。他们于上级关注的方向上用力，甚至做起了表面文章，忽视了运作机制的建立、自主建设能力的培育，忽视了社区资源循环的形成，因此慢慢走上了下坡路。如前所述，村民理事会如果能整合社区内的社会广义资源，利用既有社会广义资源动员制度通道，就会降低新制度的运行成本并提升自身的资源配置能力。但在新机制运行所需的资源主要来自上级直接投入的时期，如何降低资源通路运行的成本并不是实际推动者首要考虑的问题。这也就错过了促使新机制深化与可持续化的最佳时机。

这样一种在上级关注和扶持下建立的新机制，往往缺乏整体设计和通盘考虑。由于新机制的实际推动者早早地放弃了确定机制发展方向的自主权，所以只能接受上级的各种"指导意见"，而上级离现场较远，不具备对可实现资源配置循环的生长点的预判与甄别能力，特别是上级不同部门对新机制的理解、对新机制发展的设想都有差异，这就使实际一线推动者工作为难。他们疲于应付，只好将精力与资源投入那些不会深度发展、快速生长的领域。一旦整体政策环境发生变化，或者最初主持该项目的上级领导调任，或者主管单位进行机构调整，资源投入戛然而止，新机制的"寒冬"也就到来了。

本节以统一的理论视角考察了不同领域基层治理机制的运行状况。可以看出，无论是行政体系内部增强行政回应性的尝试，还是村社具有自主管理性质的实验，都是对社会广义资源配置通路的调整或重建。正如塞维尔所指出的：对于制度的理论研究必须与资源研究相结合，才可窥其实质。从这样一个视角出发，可以看到差异性制度实践背后所遵循的同一性规律。分析影响新设制度运行的因素时要考虑以下几个问题：新设制度通道与既有显性（如科层体制）与隐性（如社区文化行为）通道之间是否实现了实质对接与互相借用？新设制度是否有利于实现存在于各参与方之间的闭合的社会广义资源的循环与平衡？新设制度通路中资源的多元性是否增强，即物质性资源、权威性资源与浓缩信息型资源是否在通路中实现了较均衡的配置？等等。利用制度通路理论工具，能够对新设制度的持久性、稳定性及可复制性等问题进行较为深入的比较研究，从而对我国正在广泛开展的基层制度实践提供有效的理论指导。

第二节　基层协商民主在社区治理中的应用

协商民主提倡通过对话、讨论、互动、沟通交流的形式对公共问题进行协商,从而形成具有合法性的集体决策,是我国民主政治的重要体现形式。基层协商民主有利于推动社区的建设和管理、化解内部矛盾、推动民主制度建设、提供公民参与机制,对我国和谐社会建设具有重要的现实意义。

一、基层协商民主的内涵

协商民主理论于 20 世纪 80 年代以后在西方社会兴起,通过对话、讨论、互动、沟通交流的形式对公共问题进行协商,从而形成具有合法性的集体决策,协商民主承认社会的多元化,尊重公民利益,遵循的是"更好的观点的力量"。协商民主理论以参与协商的主体多元性、机会均等性、方式多样性、过程程序性以及结果合法性,作为集体行动的正当性依据以制度化的渠道加以表达并阐明理由,为我国基层民主治理过程中的协商对话机制的发展和完善提供了理论支撑,拓宽了我国基层协商民主实践的理论视野,完善了我国基层民主治理的制度化渠道。

"基层"是一个具有中国特色的概念,其内涵较为丰富。基层民主是基层组织和基层单位中的公民对公共事务与公益事业等所享有及行使的权利以及承担和履行的义务,这不仅包括了中国基层组织和基层单位的主要群体与个人的民主权利,也包括了基层组织和基层单位的自治管理、民主选举、制度和机构改革、政治参与渠道拓展以及在行政过程中所体现出来的民主。基层民主作为一项政治制度和政治实践活动,包括直接民主、间接民主和协商民主。直接民主是公民亲身参与国家方针政策和社会公共事务的决策、实施和监督的政治活动;间接民主是公民通过选举能够体现和维护自身利益的代表进行政治参与,对国家方针政策和社会公共事务进行决策和管理的政治活动。协商民主是对直接民主和间接民主的有效补充及拓展,是基层民主的重要实现形式。

基层协商民主是指基层组织和基层单位中的公民或群体,通过依法、有序、理性的政治参与,就国家方针政策、社会公共事务及与基层组织和基层单位公共利益相关的问题等提出自身观点并充分考虑他人的意见,通过意见凝聚、妥协或转换等达成共识的政治活动。基层协商民主注重基层民意,坚持平等理性与达成共识的原则,进一步增强了社会主义民主制度的广泛性与包容性,不断丰富了社会主义民主政治模式与实现形式。

二、基层协商民主在社区治理中的作用

将基层协商民主制度引入城市社区治理当中，具有重要的现代价值意义，既能拓展基层的民主渠道，又可以让社区的行动主体自愿、自由地动起来，形成一种平等、民主、公正的协商氛围，通过各种协商民主的形式参与到社区公共事务的讨论当中，如社区论坛、社区茶话会、业主委员大会、居民代表大会等，以达成社区行动主体的广泛而和谐的统一，将社区治理与城市基层协商民主有机整合在一起，发挥协商民主理论的巨大价值。

（一）推动城市社区建设和管理

当前，我国城市社区的建设，构建合理稳定的城市社区结构，需要社区居民的参与。为此，要解决城市发展中的实际性问题，既要从顶层方面制定相关的政策，也要在基层上支持、引导居民参与到社区管理中。协商民主在基层的发展与创新，极大地调动了居民参与社区管理的积极性。在新的发展形势下，面对城市社区治理中的各种矛盾，政府要顺利地、有效地完成繁重的社区管理任务，需要重视运用群众路线的民主方式，建立规范有序的诉求表达渠道，让人民群众真正能依法有序理性表达自己的建议，能够真实地反映自己的问题，这样才能使管理层、决策层了解社区中的问题及其产生的原因，找到合理的对策，解决社区问题，化解社区矛盾。我国基层协商民主的实践为人民群众提供了一个表达和参与社会管理的途径，对城市社区的发展具有巨大的推动作用。

（二）推动城市社区的民主发展

基层协商民主作为一种新型的民主形式，弥补和矫正了当前我国城市社区选举民主的弊端和不足。人们在参与国家事务中，通过自由理性的交流，追求公共利益的最大化，从而达成集体共识。从城市社区的基层管理来看，各种事务由民众广泛参与、协商决定。以城市基层协商民主为例，对于城市社区的重大事务，由社区居委会提议，党委支委和居委会联合商议，党员大会审议，社区代表会议决议，最后公开结果。从基层来看，协商民主保证了人民群众最大范围、最直接地参与到国家、社会、社区的治理中，是对选举民主的补充和完善。当前，中国坚持协商民主和选举民主相结合的民主政治形式，能够使社会中的各种意见得到集中，有效协调了不同群体间的利益。在尊重多数的同时，又保护了少数，从而保证了人民利益的实现，维护了公平正义，推动了我国城市的民主政治的发展。

（三）化解城市社区的内在矛盾

当前城市的基层治理，尤其是作为基层组织单位的城市社区治理，在权力配置上具有很浓厚的"三元混合结构"：政党组织+政府+社区自治组织，三者权力组织相互交叉，确实都有着客观的存在需求，但是三者之间的互动性却很差，有的甚至根本没有互动，主要是由公共管理者即政府发挥着管理作用，不管事务大小，都紧紧握住手中权力不放，形成"自上而下"的"压力型政府体制"，在这种制度的束缚下，阻碍了公共资源的有效配置与利用，无法得到城市社区居民发自内心的认同，表达渠道不畅，社区民众就无法支持政府的治理，社会矛盾自然加深。为了改变当前的现状，基层民主协商制度可以发挥重要的调节作用，通过协商民主的实施，为社区的各类行为主体提供表达诉求的渠道，并建立平等、友好、和谐的对话平台，双方理性的沟通与交流，找出矛盾症结所在，并达成解决的共识，进而提高城市社区基层治理的有效性。

（四）为居民提供公共参与机制

为了提高城市社区治理的稳定性，必须为社区居民提供安定的公共生活氛围，并建立健康的民主政治发展途径，所有这些目标的达成都依赖于社区居民的积极参与民主政治与公共生活的运作，拥有一定的参与能力。而基层协商民主的出现，为社区居民提供了相对平等的参与机会，不管自身的社会背景与从属关系如何，这种公共参与的机会是均等的，都可以自由发表观点，可以与政府基层组织进行协商与沟通，不是"自上而下"的，而是一种平等的双向交流，是一种超越权力束缚的真诚沟通，社区居民可以发自肺腑地吐露自己的心声，并倾听他人声音，就公共问题做出最后的合理解决方案。

（五）有利于培育居民的公民精神

在基层民主协商模式的作用下，每个行动主体都开始发挥自己的价值，积极参与到社区事务治理中，这种参与是有实质性价值的，并非是传统的"雷声大雨点小"。这种民主协商，在一定程度上培养了社会公民的公民精神，一种社会所需的重要精神力量，包括政治共同体成员的相互尊重、互相理解、集体荣誉感、社会责任感、多元化的沟通等。而公民精神是当前社会急需的正能量，是文明社会发展的重要推动力，一旦公民精神在全社会范围内培养和成长，就会对基层民主协商制度的发展提供一种作用力，推进协商民主机制的健全与发展。当前社区居民在基层自治中已经意识到民主协商制度的优势，并一步步接受了这种模式，其实践中应用更为广泛，也更加得心应手，这些都令民主协商模式的实践性大为增强，更增强了我国城市社区自治的信心。

三、完善基层协商民主的措施

当前我国基层民主的协商主体问题成为城市社区中发展的第一个难题，主要是由参与协商主体的个人意识、公民意识和政治素养淡薄所造成，究其原因可上溯到社会意识形态，以及传统的文化和观念，较为根深蒂固。因此，健全城市社区中基层协商民主的主体，保障协商参与的平等性，提高基层协商民主的积极性，培养基层协商主体的公民意识，提高公民素养是缓解上述问题的有效途径。

（一）加强自治自管意识

基层部门协助建立群众自管组织，指导群众从组织中推举带头人，注重提高群众自决的能力。发挥协调优势，举荐自管组织成员参与社区活动，如在社区的居民委员会换届选举中，在居委会成员大多为正式候选人而无法参与民主选举的组织工作时，成立社区群众换届选举委员会，在群众委员会中建立换届选举的工作机制，并在实践中不断完善。居委会成员在程序和制度角度给予群众选举委员会一定的指导与提示，使群众选举委员会能在制度上合规，程序上合法，形式上合理，决策上合民心。基层自治组织由基层群众组成，基层群众自管自治，通过协商对话达成共识，做出决策，并对决策负责。决策由基层群众监督组织进行监督，保证决策结果的实施落实，从而摆脱基层政府的监管，也使基层政府从"出手不出手"的尴尬境地中解脱出来。

（二）提高政治参与素质

基层协商民主在社区实践的过程中要注重加强提高居民的协商能力和政治参与素质。在居民会议、社区论坛、居民恳谈会等会议召开时，引导居民有意识地学习政治知识，增长居民的法制意识、民主意识、参与意识、协商意识等，引导居民合法合理地运用自身的知情权、参政议政权，正确利用各种基层协商民主实现途径所提供的平台理性地表达自身的政治诉求，在平等协商的基础上进行探讨、议论，依法维护自身的正当利益。必须注重加强对居民集体归属感和集体荣誉感的培养。定期开展时事政治交流互动活动，提高民主协商主体的基本政治素养。通过举办议事会、恳谈会、民主座谈会等，解决好与群众生活切实相关的难点和热点问题，调动参与协商主体的参与积极性，变被动为主动，增强基层协商主体的参政议政意识，促使民众自觉自愿地参与到民主自治的实践中。

通过当前城市社区中基层民主协商制度的实践，可以看出我国的基层协商民主的实践性已经大为提高，取得了初步成效。协商民主制度应用到城市社区基层治理中，是一个从无到有、从浅到深的逐步发展、逐步健全的过程，已经产生了诸如公开听证会、居民恳谈会、社区决策咨询会、媒体讨论会等民主协商形式，这些都是对民主协商制度的丰富与完善，而民主协商制度的发展、创新，又为城市社区的基层治理提供了良好的渠道和途径。当前许多城市社区都已纷纷建立民主协商制度，并随着在社区治理实践中的开展得到了极大的丰富，两者互为促进，形成良性循环，将我国基层民主建设带入了更高的发展阶梯。

第三节　基层治理法治化中的派驻检察室工作检视应用

S省Q县人民检察院建立数字化监督信息平台，将基层执法信息、惠农资金信息、案件诉讼信息等数据库融合，建成"信息超市"。2014年7月，该院Y检察室干警核查"信息超市"的小麦直补信息，发现辖区小吴村支部书记王某家补贴高于本村其他居民数倍，通过实地走访发现王某存在套取小麦直补款的嫌疑，仅7天时间，派驻检察室便协助该院反贪局对王某贪污一案立案侦查。2015年3月，该院M检察室发现暂予监外执行罪犯王某，因吸食毒品被公安机关拘留，违反了社区矫正条例，于是及时提出收监执行的建议，同年4月王某被收监。

法治作为国家治理的常态模式，是保障社会秩序稳定的基础。派驻检察室作为基层治理法治化建设的重要组成部分，面对多元变动的社会、逐渐觉醒的公民及旺盛的司法需求，正因宪制价值不明、规则缺陷、落实浮躁而举步维艰。欲"突围"必变革，但是，改革必须坚持"主体性中国"底色，莫偏执于理想的"法治国"。

建议以多元包容、权责平衡为价值导引，塑造法意良善、规则理性、操作实用的张力构造，辅以大数据模式下的信息化，由此，持续性增加公民与司法的交流互动，减少法律适用的"负能量"，聚合民心于法治大旗之下。

一、派驻检察室在基层治理法治化中面临的多重阻碍

（一）宪制定位上不明确，价值正当性虚化

比之派出法庭、公安派出所、司法所等成熟派出机构，派驻检察室设置上只有最高人民检察院"内部"文件，即《人民检察院乡（镇）检察室工作条例》作为依据，缺失法律、法规层面上的规定。名不正则言不顺，非规范性文件带有较强政策性、临时性，导致工作进展更多取决于党委政府的认同支持度，易因工作重心或政策调整而转变。

更重要的是，缺失有指引意义的宪制授权，权力责任如何有法的正当性？"缺乏相应的精神意识、观念和情感等'软件'系统支持的所谓法治……只有法治的外表和骨架而没有内在的灵魂"。若对权力何来何往、何处边界都无法确定，检察官又凭什么向民众给予法治权威的承诺，进而获得公众内心的普遍认同？

（二）职能设计上泛化，难以真正取得公众认同

创新的生命力在于不同整合下的"再生"。然而，实务中的职能设置，大多没摆脱"口号化"，如C直辖市C区人民检察院提出的侦察兵、助推器、播种机、宣传队、减震器五大角色和窗口、纽带、桥梁、触角、基地五大作用，可谓职能泛化的经典版，似乎全面实则空洞，工作量巨大，恐怕连轴转也完不成；甚或扩展服务职能到司法之外，如H省S市Z区人民检察院Y乡检察室，为村民协调装配信号基站、修公路、找农产品销路，如此做法，就不难理解检察机关轰轰烈烈投入，但公民对司法的"饥渴"却没有明显改善。

S省人民检察院2015年出台《规范派驻基层检察室履行法律监督职能的意见》，理顺工作关系、突出监督制约，在结构法治化、职能系统性上有了长足进步，但是只是检察原生职能的复制延伸。理论上可操作性强，却未改变实用性不足的致命缺陷，创新止步于表面化，又何以在司法改革中成为"大检察"的有机补充？若不能能动满足社会多元、变动的法治需求，何以面对未来更复杂的法治隐患？

（三）监督发力上异化，缺乏针对性而效能低下

面对法律资源不富有的乡土社会，派驻检察室作为突击"小分队"，施展空间开阔，尤其是事关公民切身利益的基层行政权，常因盲动而造成无可回旋的损失，当然，检察监督不能缺席。然而，关系性社会结构、强大行政资源、

体制内压力等现实,派驻检察室仿佛无意中弱化了监督"本分",如派驻检察工作开展较好的海南省,对行政执法的法律监督没有展开,亮点经验务虚多、务实少,别寻他途找典型。

此种表面明智的"鸵鸟"做法,难以触及危害群众利益的潜藏冰山,无作为则无地位,若无法使民众成为改革的最大受益者,派驻检察室制度恐怕难逃边缘化的结局。

(四)时势回应上消极,发展的持续力不足

"e"时代大数据扑面而来,对接触面广、头绪繁杂的派驻检察室,可谓顺势跃进的大好机遇。然而,实务多是扭曲之举,信息化仅仅是基础网络配套或文件传批,不同信息源缺少贯通整合;或者不善用新技术广布触角,严重依赖行政权的"二手信息",甚至受被监督者控制信息的负面影响;再或简单定位于"群众家门口的检察院",进行一些"每日入户、每周一村、四百活动"之类的运动,稀缺的司法资源,浪费于年底总结的数据罗列上。

其实"一台电脑、一根数据线、一颗红心、开门办公"即可解决过往难以企及的问题。究察扭曲的缘由,多是狭隘思维下的资源运用方式落伍,还有在海量杂乱的信息面前,焦虑而不知从何处下手。

二、法治进路上的治道主流:涵容正当、高效、平衡的张力结构

(一)法意内蕴上坚守"善法"之治而避"恶法"之治,以夯实法治的正当根基

1. 坚守"善法"良治、稳步扩张法治机构

制度是文化的肉身化,一如习俗是文化的实践形式,因此,法治的正当性不只在治道强盛,更是"法治精神"的指引。对派驻检察室而言,身处复杂多变的转型社会前沿,合理掌控"善法""恶法"治域,促"良法善意"化为公共文化,确保基层治理法治化的公共性。

宏观层面上,坚定"善法"一贯以道之,反对明托法治"程序理政"之旗,暗离法治"治事为民"之维,扭曲法治的正义取向。例如,L县人民检察院将涉罪未成年人社会调查,交由未检科和检察室联合开展,提高了工作效率,但是增加了泄露隐私的风险,有悖未成年人司法的保护优先本意。

微观层面上,法之运用存乎一心,真正考验的不是繁杂规则,而是道德选

择是否良善：“恶法非法”，即事关公民直接利益的，采取保护优先，逐步弱化民众对公共权力累积的负情绪，使秩序不至受到破坏式冲击；而"恶法亦法"可作为民众对抗权力滥用懈怠的依据，保持法治追求良善的趋向。

2. 能动司法精选切入点，科学取配法治资源

建议遵循宪法下的政体惯例，立法确定派驻检察室为人民法庭的对等机构，经当地人大常委会批准，根据人口数量、经济状况等，将派驻监察室与派出所、司法所、人民法庭组成乡镇街道一级的司法体系。当然，可以采取跨乡镇或者多乡镇合并设立，避免派驻农村检察室设置上的行政性。

完善"党委领导、人大指导、政府支持、检察监督"的基层监督机制，争取党委、人大下发规范性文件统筹各方，避免各自为政、减少体制内的阻力，也可以主动参与人大对行政执法的检查，拓宽监督渠道，扫除监督措施有限的障碍。

（二）规则设计上追求理性之治而舍感性之治，以凸显法治的高效目标

1. 职能配置抑制非理性

最高人民检察院规定的派驻检察室的七项职责，只是法律监督、化解社会矛盾、创新社会管理的综合授权。显然，现有资源难以支撑全面履职的职责，且派驻检察室作为制度"新人"，具体实施上若不细加斟酌，易与检察原生职能冲突。所以，与其四面出击而力道不足，不如集力突破一面带动全局。

建议以信息数据的收集、反馈、管理为核心，把受理控告申诉、线索收集核实、恢复性司法作为突破口，范围外"有所不为"，防止大包大揽而效果不佳，也可借鉴美国社区检察室的做法，以丰富、高效的检察服务，为解决社区问题提供多元方案。

2. 能动司法防止"一刀切"

善于主动发现问题，因地、因时制宜，以满足"需要"为基础，确定特色业务作为切入点，保障不同区位、行业的发展。例如，S省多地分别探索了"渔业检察室""环保检察室""产业园区检察室"。又如，Z省Y市人民检察院的国际商贸城检察室、S县人民检察院的轻纺城检察室，实现了有效保障专业市场。

对职务犯罪线索的挖掘，只宜限定为线索发现、事实初核，重点是线索头绪少的案件，发挥出信息面广的优势，如W市H区人民检察院办理某村受贿

窝案，初查对象没有留下有用线索而进入死胡同，该院某派驻检察室通过线索排查，及时发现该村一位村干部近日因行为不轨被抓，该案由此得以突破。

3. 法治导引社区管控长效化

突出依托社区理念。对和解可能的轻微刑事案件、简易程序案件等，"案外工作"较多，授权派驻检察室办理，有发挥接近群众、熟悉人脉优势，便于有效化解矛盾。同时，检察室可以对和解事项进行监督审查，案管部门对案件统一分流、统一出口，保障刑事和解的自愿及时、权威正当。

完善社区功能，建立"多方联动化解矛盾纠纷"解决架构，引导公民合理有序表达诉求，努力将非法律因素通过法律方法过滤。例如，S市人民检察院Y检察室发现，8年前何某妻子被打重伤，因证据不足而未赔偿，何某长期上访，家庭也陷入贫困，该检察室查阅案卷后，依法为其申请被害人救助金，又与乡政府协调解决了其社保问题，依法化解了这一信访案件。

（三）执法方式上取道"实用"之治而弃"虚论"之治，以回应法治的监督专业化

1. 专业监督限制权力滥用

以权力制约权力是现代法治的基本原理。检察机关的立身之本是法律监督，"祛除"权力粗暴行使的陋习，是派驻检察室工作的题中之义。要依靠党的渠道、力量，增强执法监督的"态势"和"能量"，日常监督与单项违法的专项监督相结合，厉行对基层行政权、执法权的监控制约。

对投资大、群众关注的项目资金，不能只做"浮光掠影"的表面文章，及时跟进、措施到位，完善基层公共产品的监督机制。例如，S省Y市人民检察院Z检察室列席镇街党委扩大会议，对项目引进、城镇改造等重大事项评估法律风险，目前建议叫停项目16个，纠正惠民政策的违法行为36项。

2. 建构务实、便民、透明的监督渠道

法律监督的力量来源于人民。针对基层的管理漏洞、制度缺陷，综合运用定期走访、受理诉求、资料调取、信息通报、纠违反馈等，全面倾听群众呼声、公开回应群众关切之事、有效维护群众权益。能当场答复或处理的，及时答复后登记，不能当场处理的，初审后依法分流、跟踪并及时回复，以缓解民众紧迫的司法饥渴。

同时，注重检力共融来应对复杂情况。派驻检察室与内设机构互通有无、取长补短，发挥好贴近基层群众的优势，做好涉检风险评估预警、矛盾纠纷的

先期调处，增强普遍性问题的动态监督，形成检察室前方侦测、内设机构后方支援的合力。例如，Y县人民检察院整合派驻检察室、民生检察热线、民生检察联络员等，打造"三位一体"的检察体系，提供更加便捷的法律支持。

三、派驻检察室的"e"流聚合："卫星城"全方位的数据服务，支撑起开放、互动的"e"检察

（一）信息情报的注入吸纳：广布数据触角完善"检"联网，为发展"e"检察打好地基

1. 大数据的全景观察，促进检力大提升

大数据时代比之以往的本质区别，即智能手机等工具的普及，任何所见所闻乃至各种细节，立即变成数据，数据由此开始爆炸。正是大数据全样本、巨量的大优势，明显改善了司法受制信息不足的痼疾，重新定义了司法"供需"，有效支撑精确追溯过往的裁判结构，减少了对逻辑推定或经验准则的理性"虚化"以复原的依赖，促进了静态检察运行向动态检察互动的转变。

2. 派驻检察室的数据纵横优势

数据时代并非那些静态的数字，是资源共享、数据互动的网格。派驻检察室要发挥贴近基层群众、接近信息源的全覆盖优势，广开言路、重点关注、持续更新，主动对接地方政务系统、基层综治中心、农村惩防腐败体系等平台，融合城乡建设、民生工程、执法司法等重点领域的监控，检察机关统一业务应用系统向全方位的数据交互中心发展。例如，Z省S县人民检察院Y镇检察室和Y镇监察分局，联合对工程招标实施程序审查，通过现场监督、预防约谈等9种方法，对资金管理、工程变更等犯罪易发多发环节开展预防。

3. 民众意见的大规模吸纳，有利于发展检察数据云

数据时代、"虚拟社会"开辟表达新途径，突破了传统的局限性，每个公民有机会参与、关注司法。因此，要改变运动型的群众工作方法，增强检察室的信息辐射，与数以亿计基数的民众持续互动，成片的活数据以不间断"流"的形式，不断融入"e"检察。如此，检察机关在快捷服务公众的同时，还拉近了与公众的心理距离，减少了信息交换中的误差，可以获取更多案件背后的复杂社情、诉求差异、利益转换等信息，实现有效防范意见失序、累积爆发。

（二）"e"检察的深度加工：派驻检察室等资源池的优化聚合反应，实现检察潜力的挖掘提升

1. 建立大数据管理的检察工作模式

当前，司法处在互联网精神、专业主义的十字路口，这并不是非此即彼的单选题，而是一种化合反应的机遇。因为大数据的真正杀伤力，其实并不在于表面"量"大，而是在于"质"的"多元""多源"，在广阔网格上交错化合。以派驻检察室等平台为基础，建立资源池化的技术架构、高度集成的数据"反应堆"，推进经验型管理转变为数字化管理，以"定量分析、实证研究的科学方法"优化检察决策。

同时，注重数字化平台的应用反馈。派驻检察室积极参与网上管理、网上监督、网上回复，以规范、公开、文明为主轴，处置上便捷细致、弹性精确，司法保护由"点状化"向"普惠式"发展，为民众提供微小而丰富、兼具安全信赖的司法"小确幸"。

2. 统分结合的检察数据开发机制

改变关联案件信息碎片化导致的机制乏力现状，必须打破检察机关内部的信息壁垒。依托检察业务统一应用系统，统筹侦查线索、追捕、追诉、抗诉、纠违乃至全局性的检察事项，完善数据汇集、统计分析、预警研判等平台。例如，直辖S市Q区人民检察院于2014年3月设立诉讼监督事务协调中心，各部门的专职监督员将立案、侦查、审判、执行信息和行政违法信息，全部纳入诉讼违法信息数据库，以供中心发现整理诉讼监督线索。

再者，以海量数据共享、跟踪监督、分析发掘为基础，将职务犯罪线索、立案违法、侦查违法、审判违法、刑罚执行违法等归类分置，借助云计算定期做出阶段性分析，对数据流进行读取梳理、化合筛选，运用发散性思维发现"类问题"或"潜信息"，乃至为趋势预测提供参照系。

3. 数据文化、分析型人才是深度应用的钥匙

我国培育数据化管理的体系有文化上的不适应，因为我国传统习惯于含蓄的审美联想、模糊的宏大情怀，常止步于严密逻辑、数据分析的论证。从某种意义上说，数据不仅是技术符号，还是文化符号，提倡精确数据、基于事实的作风，更合乎法治强调逻辑、推崇理性的本性，数据爆炸为检察文化的破茧创新提供了发展契机。

数据是战略资源，处理数据的人才更是重点资源，因为机器只能替代重复

性、常规性工作，但是，永远无法取代人类的智慧。所以，提升检察干警的数据加工能力，融合个人经验、系统数据、科学分析，探索专业"检察官办案负责制"是大势所趋，如直辖 S 市自贸区检察室，设置了专业的刑事检察、知识产权、涉外民商事等检察官职位，以检察官为独立单元，以专业化"独挡一面"提高了信息数据的处置效率。

（三）检察话语向公众的开放、流动：创新检务公开的传播模式，促进公众对检察权的全面认知

1. 检务公开向更广的开放、更快的反馈迸发

历史不止一次地证明，知识掌控群体的变化，会改变权力分配的结构。然而，"关注就是力量、围观改变世界"的"微时代"已来临，知识信息呈现大开放、广流动，这意味着个体获得向权力挑战的能力，不再是精英群体、特权阶级掌控话语优势的过往，公民正逐步拥有自我做主的可能空间，这为限制权力打下了良好的社会力量基础。

派驻检察室身处检务公开的第一线，必须由受众客体化、话语空洞口号化、硬性灌输手段的"传道者"身份，向平等开放姿态、内容亲民丰富、立场专业理性的"传播者"角色转变，主动接受阳光下检察权的检视，让公民对诸多司法关口有更直接、更真切的感受，真正成为法律进程的关注者、对话者、协商者和辩论者，检察机关方能获取更多尊重理解。

2. "e"检察平台提升检务公开的品质

派驻检察室可以整合现有的检务公开资源，充分利用新媒体传播快、影响大、社会动员能力强等特点，探索建立集网站、微博、微信、手机报和 QQ 群于一体的检察网络平台，实现数据透明"全联通"。例如，S 省 Y 市人民检察院建成远程视频接访、检察微博、微信、手机短信服务平台等六位一体的便民服务平台，数字化监督平台存储惠农民生项目、诉讼执法、社区矫正等。

条件允许的地方，在检务公开终端设置上不同类别的权限，允许当事人或公众查阅观看，展现检察机关"天下为公"的信念。例如，S 省 Y 市人民检察院引进"中国检察新媒体数字网络平台"项目，首期在 8 个镇街便民服务中心、医院等公共场所，安装 26 台大型液晶屏视频终端。当然，开放并非无限制的，基于数据安全的考虑，应当设置严格的登录授权、实时的查阅监控。

参考文献

[1] 燕继荣. 中国现代国家治理体系的构建 [M]. 北京：社会科学文献出版社，2018.

[2] 张翼，杨典，张志敏. 社会组织与社会治理 [M]. 北京：经济管理出版社，2016.

[3] 陈家刚. 基层治理 [M]. 北京：中央编译出版社，2015.

[4] 李迎生. 社会工作助力社会治理：基于北京等地的调查 [M]. 北京：社会科学文献出版社，2017.

[5] 王思斌. 社会治理结构的进化与社会工作的服务型治理 [J]. 北京大学学报（哲学社会科学版），2014（6）：30-37.

[6] 李小妹. 论协同治理中的新型公共管理者 [J]. 领导科学，2019（2）：18-21.

[7] 王力平，许晓芸. 协同与耦合：民族社会工作与社会治理精细化 [J]. 社会工作，2016（1）：3-10.

[8] 渠敬东. 迈向社会全体的个案研究 [J]. 社会，2019（1）：1-36.

[9] 陈伟东，张继军. 社区治理社会化：多元要素协同、共生 [J]. 社会科学家，2016（8）：38-43.

[10] 陈家建，赵阳. "低治理权"与基层购买公共服务困境研究 [J]. 社会学研究，2019（1）：132-155.

[11] 渠敬东. 项目制：一种新的国家治理体制 [J]. 中国社会科学，2012（5）：113-130.

[12] 任文启. 社区治理抑或社区营造："三社联动"的理论脉络与实践反思 [J]. 社会建设，2017（6）：16-28.

[13] 曹海军，薛喆. "三社联动"机制下政府向社会力量购买服务的三个阶段分析 [J]. 中国行政管理，2018（8）：41-46.

[14] 龙永红. 官办慈善组织的资源动员：体制依赖及其转型[J]. 学习与实践, 2011（10）：80-87.

[15] 王力平. 社会工作协同城市民族事务治理：逻辑生成与路径选择[J]. 青海社会科学, 2019（2）：115-121.

[16] 黄晓星, 熊慧玲. 过渡治理情境下的中国社会服务困境：基于Z市社会工作服务的研究[J]. 社会, 2018（4）：133-159.

[17] 周庆智. 改革与转型：中国基层治理四十年[J]. 政治学研究, 2019（1）：43-52.

[18] 曹爱军, 方晓彤. 社会治理与社会组织成长制度构建[J]. 甘肃社会科学, 2019（2）：94-100.

[19] 黄晓星, 蔡禾. 治理单元调整与社区治理体系重塑：兼论中国城市社区建设的方向和重点[J]. 广东社会科学, 2018（5）：196-202.

[20] 李轩宇, 董鹏. 基层治理中的困境：权威结构与政策压力下的治理倦怠[J]. 领导科学, 2019（14）：17-20.

[21] 周雪光. 权威体制与有效治理：当代中国国家治理的制度逻辑[J]. 开放时代, 2011（10）：67-85.

[22] 金江峰. 服务下乡背景下的基层"治理锦标赛"及其后果[J]. 中国农村观察, 2019（2）：123-133.

[23] 余成龙, 冷向明. "项目制"悖论抑或治理问题：农村公共服务项目制供给与可持续发展[J]. 公共管理学报, 2019（2）：147-158.

[24] 李祖佩. 项目制实践与基层治理转型[J]. 北京行政学院学报, 2017（4）：41-47.

[25] 陈伟, 黄洪. 政府购买公共服务的"公共性拆解"风险：以新公共管理为解释框架[J]. 河北学刊, 2019（2）：187-194.

[26] 李华. 问题导向的整体性城市治理模式建构[J]. 社会科学家, 2018（11）：47-57.

[27] 杨文才. 社会工作机构参与协同治理的运行机制研究[J]. 中州学刊, 2019（3）：71-75.

[28] 南锐, 康琪. 社会治理精细化的理论逻辑与实践路径[J]. 广东行政学院学报, 2018（1）：29-35.